LEEK & INVESTMENTS

韭菜投資學

韋維──著

0失手投資規劃制訂

8要點培養投資執行力╳7戒律保本絕不再翻船

目錄

第 10 章　保險：與投資風險博弈

第 11 章　財富自由：給你一個創業的理由

前言

　　每個意氣風發的人，都擁有一個投資致富夢，但對於投資，但又有多少人能做到遊刃有餘？對於一些門外漢來說，投資更是可望而不可及的事，首先是沒有具體的投資途徑；其次是對於投資感到懼怕，認為那是有錢人做的事，沒錢又沒這方面的知識，想做談何容易！

　　但事實上，財富少的人依然可以投資，只要你肯花時間掌握這門學問，一樣可以成為富人。

　　知識改變命運，信念成就未來。本書以實用性和指導性為原則，結合翔實的投資案例，系統而全面的講述了儲蓄、股票、基金、外匯、債券，再到保險、收藏與實業投資，並提出了規避風險的策略，讓投資更理性安全，一步一步帶領你成就真正的財富人生。

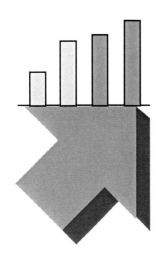

第 1 章　準備：
要做足投資前的功課

投資的真正含義是什麼

投資對大家來說並不陌生，但是對投資的理解可能有所偏差。一直以來，總覺得投資是「有錢人」的事與普通人無關。事實並不是這樣的，平常人更需要把握好投資意識，樹立正確的投資觀、價值觀。客觀的說，投資就是將現有的資源、資金整合，在現有的基礎上使之獲得更大的收益。諸如說母豬生小豬，母雞生蛋。相比較下，投資的目的性更加明確，需要考慮的外部因素更多。

首先從意識上認知，投資是每一個人都可以做的。無論是長期投資，還是短期投資。不要覺得投資這個話題離自己很遠，忽視可以利用的資源資金。所以必須認清投資的含義，從根本上重視投資意識的培養。

現在的年輕人對自己的生活理想和目標沒有一個很好的認知，總覺得自己可以一夜致富。這種超出現實意義的想法不切合實際，總是把希望寄託在中大獎一類小機率事件上。身價過億的富豪，他們可以支配的資金數量非常驚人，即使是金融危機他們也可以平安度過。但是在現實社會中，大多數人都還是普通人，應對風險的能力較差。因此，無論對誰來說，有自己合理的理財計畫，對將來應對風險是很有必要的。

一般來說，投資計畫越完善，具體操作時的效率就會越高。例如：有買房的欲望，那麼就可以事先準備一定的買房頭期款，等到真正遇上了合適的房子，就無須為資金煩惱了。同樣，像進修、養育子女、贍養老人、安度晚年等，有這些目標存在，就要為這些採取必要的行動，做好經濟上的準備。相反，對於那些沒有明確生活目標的人來說，在運用自己的金融資產時，同樣沒有一個明確的目的，無疑會

影響到資產運用的效率。可以說，投資的目標設計越明確，獲利的可能性就越大。

我們在設定投資計畫時還要考慮該目標是否符合自身的條件。預定的計畫必須是在自己的能力範圍內的。如果加入計畫的目標大大的超出自己的能力範圍，那就沒有什麼實際意義了。

| 投資問答 |

問：請問專家，投資與理財有區別嗎？

答：現在很多投資者一提起理財，就認為是交易股票、基金、貴金屬、期貨等投資行為。其實，投資與理財並不相等，理財之中包括投資，但不光是投資。理財應該分為保值和增值兩個部分。增值以資產有所成長為目的，保值以防止資產流失為目的。而投資就是我們所說的增值。理財更多的是對人生、養老、投資、風險管理、遺產等一系列問題的整體規劃。如何有效的利用每一分錢，如何抓住每一個投資機會，是理財的目的所在。而投資的目的是使資金成長以獲得較高的收益。

小心！你應該注意這些投資盲點

在國外超額消費的觀念引導下，很多人對投資理財產生了偏差，很多年輕人對自己未來的規劃的時候，沒有合理的預期我們將要做的就是做出盲點，認真面對理財。

錢少沒辦法理

有很多人認為理財投資是有錢人做的事。如果真有這種想法，那是非常錯誤的。100 萬有 100 萬的投資方式，1,000 元也有 1,000 元

的投資方法。當今社會上，有錢的人占得還是少數，占大多數的還是小資。有錢人可以透過投資把錢變得越來越多，普通小資族同樣可以透過理財積少成多。

「錢少沒辦法理」永遠只是不想理財的一個藉口，其實每月僅從你的薪資裡拿出 10% 的錢，在銀行開立一個儲蓄帳戶，十年後本金加上利息，數目也是非常可觀的。

理財不用分早晚、年齡、資產的多少，只要你有理財的目標。也就是「你不理財，財不理你」，只要合理的理財，就能事半功倍，就可以增加自己的收益，享受財富的夢。

理財沒用

有些人認為，儘管沒有專門理財，但是也不是「月光族」，每月都會剩一些錢，因此不需要理財。有的人覺得，自己的薪水太低，只能自己花，另外，父母會幫自己，因此也不需要理財。

宇毅今年二十八歲，在某公司做業務，工作五年，買了一輛車當代步工具，日常開銷大，從不在家做飯，服裝都是名牌，晚上有空就去酒吧消費。宇毅總覺得，像他這樣的情況根本沒必要理財。

但是，人有旦夕禍福，一天，家裡突然打來電話，宇毅的母親得了胃癌，要做手術，手術費一下子就要五十幾萬。家裡人認為宇毅的收入這麼高，可以承擔這部分費用。這下宇毅傻眼了，平常揮霍無度，想用錢的時候卻沒有。可是沒錢母親的病也要治啊！宇毅只好向朋友借錢，總算是把錢湊出來了。朋友們都很奇怪，宇毅收入這麼高，都工作五年了，怎麼連十幾萬都拿不出來。他的錢都哪去了？宇毅很慚愧，自從那次以後，就開始節約，慢慢開始學習理財。

宇毅的案例告訴我們，無論你是否有錢，都不是絕對的。沒有永

遠的窮人，也沒有永遠的富人。也許十年前你可以稱作是個有錢人，但如果十年後你所擁有的財富沒有增值，甚至沒有以前多，可能你就快成為窮人了。

對於年輕人來說也是如此，也許你對現在的收入比較滿意，但是，風水輪流轉，你能保證一切都不會發生改變嗎？你能保證不會出現意外嗎？所以說一定要注重理財的重要性，讓自己活得無憂無慮。

｜投資問答｜

問：專家您好，我今年剛剛結婚，剛生過孩子，由於以後家裡要花錢的地方很多，我始終認為家財求穩可以不看收益，這種觀點對嗎？

答：大多數的女性都趨於安穩，不喜歡風險過大，她們的理財管道多以銀行儲蓄為主。這種理財方式雖然相對穩當，但是在通貨膨脹的情況下，銀行的錢就會貶值，因此在新的環境下，女性應該轉變觀念，在求穩定的過程中尋求新的理財方式，最大限度額增加家庭的收入。不妨多學習一些理財知識這樣能夠改善家庭的生活。

計算投資的成本與收益

談到計算投資的成本與收益，必須有相對的公式。我們在投資之前必須掌握投資成本計算的方法。只有這樣，才能做好投資計畫。首先，我們應該了解投資成本計算的公式、定義。能夠熟練運用公式，找出投資的可行性。

投資收益率（rate of return on investment），投資收益率又稱

投資利潤率，是指投資收益（稅後）占投資成本的比率。

$$投資收益率 = 1/ 動態投資回收期 \times 100\%$$

這個公式充分的說明了收益率和投資回收期正相關的關係。行之有效的計算收益與時間長短的作用。下面是關於回收期與投資年限淨值的公式。

$$動態投資回收期 = （T\text{-}1）+（T\text{-}1 \,年的累計淨現值）$$
$$/ T \,年的淨現值$$
$$T = 現值首次出現正值的年數$$

投資收益率的作用就是可以對收益能力的強弱有一個顯示作用。當這個比率不如公司淨資產收益率多的時候，這說明投資的效益比較弱，應改善對外投資結構和投資專案；而當該比率遠高於一般企業淨資產收益率時，可能出現投資的風險，應進一步分析各項收益的合理性。

投資收益率的計算公式簡單明瞭；但是沒有將其他經濟風險因素包括在內，使它不能正確反映建設期的長短，還有投資方式不同和回收資金的有無對這個項目的影響，分子、分母計算差距的可比性較差，無法直接利用淨現金流量資訊。只有當投資收益率這個指標大於或等於無風險投資收益率的投資專案才具有施行的必要。

案例分析：冠彭今年三十一歲，在合資企業工作，每月薪資加抽成共 250,000 元左右，公司負責繳納勞健保，補貼車費和餐費。

冠彭平均每月支出 15,000 元左右。其中，治裝費和飲食等消費支出 7,500 元，有頻繁購物的現象，存款基本為零，典型的「月光族」。冠彭父母的工作地點在市區，收入非常穩定，冠彭沒有家庭負擔。目前不考慮結婚問題，他只想盡快賺錢買房子。

現在排除其他原因，冠彭做一個長期投資計畫。計算冠彭的投資收益率。假設，冠彭做一個股票基金投資組合，每月投資 30,000 元，每月收益 6,000 元。現計算出股票基金投資組合的收益率，得出冠彭的年收益率，相比同類的投資組合收益率高。

投資收益率 =1/ 動態投資回收期 ×100%

月收益率：6,000÷30,000 ＝ 20%

年收益率：20%×12 ＝ 240%

由此可知，冠彭的投資收益率較高。透過投資學一般規律，可想而知收益率與風險成正比。這種投資組合的風險率太高。冠彭的抗風險能力較差，不適合做這種投資組合，應當選擇收益率適中的投資組合。

| 投資問答 |

問：專家您好，是不是收益率越高的投資組合風險越大？一般投資者的抗風險能力較弱，怎樣才能合理控制風險？

答：您好！一般來說是這樣的。但是，收益率都是預期的。我們在做投資組合時，不應聽信「高收益，低風險」的廣告。經濟學的一般規律是收益率越高，風險越大。普通投資者應該選擇國債、公司債券、可轉換債券等中等收益中等風險的投資組合。這種投資組合風險比股票投資風險低，且收益比儲蓄高，比較適合普通投資者。

投資新手應避免哪些風險

其實風險不僅僅存在於股市。諸如一些意外事件，戰爭都是不能

忽視的投資風險。現在我們先了解一下投資風險的定義，給投資新手敲響警鐘。

如何定義風險呢？保險中是指**損失的不確定性**，而投資風險是指**對未來投資收益的不確定性**，在投資中可能會遭受收益損失甚至本金損失的風險。為獲得不確定的預期效益，而承擔的風險。它也是一種經營風險，通常指企業投資的預期收益率的不確定性。只有風險和效益相統一的條件下，投資行為才能得到有效的調節。

由於投資市場上的風險具有不確定性，購買的債券由於某種原因不能夠按時支付利息，金融危機中股票價格下跌，投資的房產也可能貶值。投資者需要根據自己的投資目標與風險偏好選擇適合自己的金融工具。面對市場的風險我們有什麼好的辦法呢？把投資分散開可以說是有效的科學控制風險的方法之一，也可以說是非常適合大眾的控制風險的方法，將投資在可轉換債券、股票、房產等不同領域的投資工具之間進行適當的比例分配，一方面可以降低風險，同時還可以提高報酬。因為分散投資與資產配置要涉及到多種投資產業與金融工具，所以專家建議投資新手最好在諮詢理專後再進行分散優質投資。不可以把資金全部投入到一個領域，這樣作風險是非常大的。

市場上出現的風險種類：

1. 財務風險

投資者購入一檔股票，假如說這個上市公司的業績不良，股東獲得的紅利降低，股價出現下跌的情況，這就是財務風險。因為這種風險，有些人將資金存入銀行，收取利息減少財務風險。雖然報酬減少，但有效避免了這類投資風險。

2. 利率風險

有人買入債券的時候，它的價格受銀行存款利息影響非常大。當銀行存款利息上升，投資者就會將資金存入銀行，債券價格也會下跌。這種因利率水準改變，而遭受損失的，稱為利率風險。但是，一般利率風險對外匯投資影響較大，受兩國利率變化而產生。

3. 變現風險

當購入股票的時候，沒有按照一個恰當的價格賣出，不能全額的收回資金，就是我們所說的變現風險。比如那些成交額比較低的股票，當出現資訊風險的情況下，比如說收購消息，讓股票的成交額突然大增，在這個消息下，一旦消息已經被證實，其成交金額會回到原來的狀況，這就讓投資者承受了變現風險。投資的目標就是在有資金需求的情況下能夠及時收回投資。這樣的股票變現功能是最強的。如果某股以 10 元價格買入，在 6 元的價格下才能迅速售出，這就說明該股票不是一支優良的股票。

4. 市場風險

市場上的價格波動是隨時存在的，也是價值規律的一個展現形式。市場上價格的波動，受個人的心理因素影響、受經濟發展影響、受國家政治因素影響、甚至有可能同時受以上三種風險影響。例如購入了基金，而基金的操作不佳，使收益減少，這就是所謂的市場風險。市場風險具有多種不確定性。

5. 事件風險

從理性的角度來說，事件風險的爆發與經濟發展的關係不大，但一些事件發生以後，就會對某類企業產生影響。這種事件風險的發生具有不確定性。例如：911 事件造成美國股市價格持續低迷，經濟發

展滯緩，投資情緒下降。事件風險可能來自多方面，通常難以預料。

6. 購買力風險

購買力風險是所持有貨幣與實際的購買力有偏差。所持有貨幣能夠代表商品數量越多說明購買力比較強。如果購買的數量降低，表明購買力越弱。資本社會及經濟繁榮的社會，通貨膨脹顯著，金錢購買商品或業務都會漸漸降低。人們將現金存入銀行收取利息，就會擔心物價上升，貨幣貶值。

｜投資問答｜

問：專家您好！我是小資族，承受風險能力低，請問怎樣選擇投資項目？

答：您好！根據您的情況，建議您投資以穩健為主，不宜投資風險率過高的產品。同時還要防範外來風險，減少投資的損失機率。一般來講，不宜期望過高的收益率忽視外在的風險存在。積極做好投資避險準備，盡量不要把資金全部投入一個專案裡。多向業內人士學習，避免盲目追求利潤。盡量不要觸碰自己不熟悉的投資專案，做到心中有數。細心觀察，切莫盲目跟風，造成適得其反的後果。

投資時要特別注意經濟政策導向的變化，把握經濟發展的大局，搭時代發展的快車才能一路暢通。做好風險準備工作，避免投資失敗後傾家蕩產，負債累累。

不要輕信廣告，慎重選擇投資公司。盡量找信譽度高、實力雄厚的大公司。風險無處不在，避免無效投資和投資浪費。

散戶投資最容易犯的錯

第一種：沒有制定投資規劃。

從想法萌生起，每個投資者就應該有一個投資規劃，作為未來投資的指導方向。凡事不豫則廢，才能按部就班，避免盲目跟進。

第二種：不會進行投資產品的組合，單一投資某種股票。

單個股票的投入風險性比投資組合的風險性要高。投資者應該學會利用資產投資組合進行風險控制，包含多個資產產品組合。如果沒有多樣化的投資，一旦某個特定股票或產業波動，投資個體的抗波動能力會極其脆弱。諸如按照一定的比例，債券一部分、股票一部分、基金一部分、保險一部分，以分散風險度，提高抗風險能力。

第三種：只看股票價格而不關心公司業績。

投資不是賭博，投資的風險應該在自己可控範圍內，把資金投向具有長期發展潛力的公司。把握、分析公司所處產業、週期、前景等多個方面，而不是只關注股價的變化。某投資公司總裁曾說過：「純粹根據市場表現或者對一個公司產品或服務的個人喜好而購買某種股票註定是一種虧本的辦法。」此外，公司的高層主管也是選擇投資的一個因素，以確信其能夠保證基本的公司治理將有助於投資者避免日後的麻煩。有效觀察，不能盲目跟風。做到調查認真，以免得不償失。

第四種：高價購置股票。

投資的基本原則是低價買進，高價賣出。為何投資者喜歡追求高價股票呢？相關專家指出，其主要原因是過高看重公司業績。太多的投資者投資那些在去年或者過去幾年中表現不俗的某類或某種資產，認為這些資產在過去的時間表現不錯，因而在未來也會表現得很好。

這種觀點是絕對錯誤的。有很多企業受到週期影響嚴重，如果投資者在週期低谷買入，必然會受到損失。應該更注重企業前景，而不是單一關注價格。

第五種：**按照內幕消息和經濟新聞行事。**

在考慮投資時把聽從媒體新聞作為唯一的消息來源，而不是尋求與顧問的專業聯繫是投資者最常見的錯誤。看上去是非常快速的成長方法，但是你要注意，那表明你在和那些專業股票操盤手博弈，而這些操盤老手可以掌握多個研究分析團隊。投資老手們利用不同的方式收集資訊，並且利用獨特的市場運行理論，做出持倉還是減倉的決定。更重要的是，有內部操控者利用製造「假消息」擾亂正常的市場秩序，魚目混珠，大獲其利。新手投資者，必須對消息來源的準確性仔細研究。不要輕信所謂的內幕消息，慎重跟風。

第六種：**缺少對投資的耐性。**

有的投資者因為不具備長期投資的耐心，就必然會經常變換投資方案。同樣，這種情況也是由於對過去的投資損失或對股票市場的負成長沒有信心的結果。可以確定的是，投資者應當透過不同的投資工具進行投資，尋找適合自己的方式，並且建立一個投資計畫定期投入。投資者還應該在固定時間內對資產進行一個評估，以確保投資組合與自己的投資計畫一致。古語有云「知己知彼，百戰不殆」。

第七種：**不切實際的期望值。**

有的投資者會在投資過程中規劃一下明天的計畫，但是我們的規劃往往與事實不相符，也就是說理想的環境與現實的差距過大。正如人們在近期的經濟泡沫中所看到的，投資者在投資週期中缺乏耐性，從而導致他們承擔額外的風險。投資者應該以長遠的眼光看待投資，

而不要讓外部因素影響你的做法，造成你突然大幅度的改變策略，這一點非常重要。不要過高的要求資本迅速翻倍，高報酬率下必然是高風險。

│投資問答│

問：專家您好，新手投資的錯誤好像難以避免，我們在投資前應該注意哪些問題呢？股票投資的風險如何防範？

答：您好！新手投資必須審慎，因為一開始的投資習慣，直接影響未來投資風格的形成。在進行投資以前，需要做好充足的準備。最好能夠有專業的投資者進行指導，能夠有合理的參考和借鑒。

　　股票投資涉及的方面較為廣泛，影響價格因素較多，新手投資股票應該選擇上市時間長，信譽級別高，公司實力強，發展前途好的績優股類的發展型上市公司。這種公司的好處在於風險相對較低，能夠長期持有。但是，股市受大盤趨勢影響較大，也具有一定的風險。所以新進投資者應該謹慎入市，不要盲從。至於股票市場風險的防範，沒有特別的方法，只能是在實踐中慢慢累積。

經濟週期與投資策略

1. 大眾如何利用經濟週期進行避險

　　經濟週期是指經濟運行中週期性出現的經濟擴張與經濟緊縮交替更迭、循環往復的一種現象。這種現象在總體經濟學中非常重要，而我們學習投資學，對經濟週期的了解也是非常有必要的。

　　根據經濟週期我們總結了一下：雞蛋、豬肉貴，油價高的時候，不應買入資產性產品（股票、房地產）的時候，便宜的時候才是買入

的最佳時機。

在歐美，還有關於「美元與石油」的問題：油價偏高時，中東一些石油出口國，透過賣石油賺錢的投資者和公司（甚至一些不法收入），會把石油收入投資買入穩健的英國、美國等國上市公司的股票，2009 年 3 月以來，油價和美國股市有著同步成長的關係。（這裡也是有一個關鍵的前提，就是石油的價格不能越過 110 美元～ 120 美元這一歐美經濟衰退的臨界區間；油價超過這個區間，則歐美股市大跌，經濟開始下滑，過一段時間，石油價格也會降下去。除戰爭以外的正常情況下。）

以兩岸經濟發展週期來說，在過去十年中呈現了非常明顯的三年起落週期特點，2003 年～ 2005 年是第一週期，2006 年～ 2008 年是第二週期，2009 年～ 2011 年是第三週期。每一輪的後半期，都是處於負利率時期。上一輪負利率時期，從 2007 年後開始。這一輪負利率時期，從 2010 年 2 月開始。

在這種長期的低利率和負利率的情況下，投資者避免手中貨幣貶值，顯得特別重要，總體而言，應該持有特別大的固定資產，而少持有現金或者銀行存款。但是，也因為低利率和負利率的關係，造成社會投機心態嚴重，價格會突然暴漲暴跌。普通投資者以為看準經濟週期，就能在每個階段都能賺錢，但這是不成立的。普通投資人能做的，就是大致跟上經濟週期的節奏，在貨幣政策較為寬鬆的前期，堅持持有資產，盡量使自己不要在通貨膨脹嚴重的時候，大量追逐價格較高的資產產品。由於價格因素的不穩定，避免價格暴跌造成巨大損失。

2. 一個完整的經濟週期

第一個階段：貨幣政策較為寬鬆，資本資產價格上漲。

可以理解為社會貨幣供應量的成長率大大超過 17%，例如連續三個月成長率超過 20%，確認貨幣寬鬆政策來了，三到六個月後，股市、房地產、其他資產開始上漲，經濟逐漸復甦，這個時候如果通貨膨脹不嚴重，大膽的人應該買入資產。普通企業也可以考慮在第一和第二階段適當增加生產資料，在未來生產資料價格不斷上漲的情況下減少支出。

第二個階段：投資泡沫產生，經濟運行過熱和負利率。

隨著人們收入的提高，資產價格上升導致的財富效應，使得原料商品價格上漲，這個時候做多原料最賺錢，經濟開始過熱，資產價格持續上漲，漲速甚至更快，這樣通貨膨脹出現了，並且越來越厲害，在 CPI 超出 5% 以前的加息，並不可怕。

第二階段的特徵是負利率的出現，並維持六個月以上。房地產價格不斷上升，糧食價格也不斷成長。造成社會出現貨幣貶值的現象，人們更樂於手中更多的持有資本資產。

第三個階段：貨幣緊縮，或者回歸正常的時期。

當通貨膨脹突破管理者的底線的時候，在大致是官方 CPI 超過 4% 或者 5%，其中 5% 基本屬於貨幣政策必然收緊的底線，這個時候貨幣政策會緊縮，或者回歸正常，股市會出現流動性問題而下降，總體經濟和樓市的表現，一般落後於股市六到九個月。第三階段的特徵是連續加息和提升存款準備金率和股市下跌。

第三階段，特別是石油價格（Brent 油價）超過 100 美元，CPI 超過 5% 以後，對於普通投資者而言，其實已經進入現金為王的時期

了。手中持有更多的現金為主，當政策引導市場時投資產品出現滯銷的狀態，購買力增加，使投資者有更多的投資選擇。

第四個階段：原料價格普遍的上漲，或者薪資 - 物價螺旋式上漲，導致不能適應的企業破產。

高昂的原料與能源價格抑制了需求，經濟下滑。如果第三個階段加息緩慢，那麼通貨膨脹會很高，劇烈的通貨膨脹，也能引起消費低迷，經濟下滑。然後導致原料價格下降，經濟蕭條也使得股市樓市下降或者回檔，社會出現一些失業增加的現象。第四階段的特點之一是降息，降息之前買入安全的債券是不錯的選擇，。

一般投資者常犯的一個錯誤，就是等到負利率出現六個月以上經濟運行非常熱，才想到要去進行投資保值，這個時候其實已經比較晚了，CPI 超過 5% 以後再去投資，就更晚了，因為資產價格已經非常高了，甚至很快進入下降階段了。經過一個週期的變化，房產價格股票價格又回到第一階段進行復甦。經濟運行都是由這樣的週期循環過來的。

投資問答

問：請問專家，作為普通投資者，對經濟運行的週期理解不是特別透徹，怎樣才能夠把握住當下的經濟週期？

答：把握經濟週期，不是說按照自己的意願所心所欲。而是說，讓自己的觀點與當下經濟運行階段大致相同。有經驗的投資者一定會關注國家推出的貨幣政策和經濟政策。

譬如說，銀行存款準備金的調整，銀行利率的調整，以及 CPI 指數的公布。這些資料的綜合就可以基本呈現經濟態勢。普通投資者應該適時把握有關於經濟資料的變化以及國家重大政策的提

出。這樣才能認清當下經濟運行週期。

投資須知道的稅務常識

　　對於投資者而言，了解一些相關的稅務知識是非常必要的。學習稅收制度和相關的稅務知識可以充分提高我們的投資眼光。

　　我們如何選擇最佳的投資方式呢？在目前，普通投資者的投資形式可分為兩種，一個是股票投資，另一個是實業投資。股票投資涉及的稅收知識並不廣泛，如股票投資繳納的稅種只有印花稅，目前沒有其他稅種，所以我們在這裡不做詳細的講述。在投資學中，實業投資的稅務知識是稅務知識的重點。一般情況下，個人可選擇的實業投資方式有：從事承包承租業務、作為民間業者從事生產經營、組建合夥企業成立個人獨資企業、設立私人企業。在對這些投資方式進行比較時，其他的因素相同的情況下，普通投資者需要繳納的稅務，尤其是個人所得稅成為了決定投資的關鍵因素。

| 投資問答 |

問：專家您好，我們對稅務知識不了解，合理避稅與逃稅的區別是什麼？

答：你好！合法避稅是指在尊重稅法、依法納稅的前提下，納稅人採取適當的手段對納稅義務的規避，減少稅務上的支出。合理避稅並不是逃稅漏稅，它是一種正常合法的活動；合理避稅也不僅僅是財務部門的事，還需要市場、商務等各個部門的合作，從合約簽訂、款項收付等各個方面入手。

　　避稅是企業在遵守稅法、依法納稅的前提下，以對法律和稅收的

詳盡研究為基礎，對現有稅法規定的不同稅率、不同納稅方式的靈活利用，使企業創造的利潤有更多的部分合法留歸企業。它如同法庭上的辯護律師，在法律規定範圍內，最大限度的保護當事人的合法權益。避稅是合法的，是企業應有的經濟權利。必須強調一點：合法規避稅與逃稅、漏稅以及弄虛作假鑽稅法漏洞有原則性的區別。

應該注意哪些投資陷阱

隨著人們生活品質的提高，越來越多的人注重自己資產組合的方式。有一些不法分子利用人們這種心理，設置了不少的「投資陷阱」。這些新型理財陷阱讓人防不勝防，我們在投資過程中必須警惕這些陷阱。

可能你或者身邊的人有替人做擔保的情況，而因成為擔保人受到牽連的事情時有發生。但切莫認為給他人做擔保只是簽個字、蓋個章，自己沒有多大責任，實則不然。拿一般的民間借貸來說，若為借款人做擔保，一旦後者故意拖延還款，首先受牽連的就是擔保人，擔保人必須償還借款人的債款。如果沒有十足的把握，盡量不要給別人作擔保人，以免陷入麻煩之中。同時作為借款人，也必須做好借貸人的個人信用的調查，不要輕易把錢借出去。因別人賴債而造成破產的例子不勝枚舉。

有一些非法的投資機構，以「高報酬」、「高收益」的口號為誘餌，實施金融詐騙。這些機構以非法集資的手段斂財，首先支付高額的利息（實際是原投資者的本金），這樣誘導更多的人加入，集資金額到一定數量以後，就可能消失的無影無蹤。這些機構的利息儘管高

於銀行，但民眾在這些機構存款並不受國家法律保護。一旦其資金鏈斷裂，可能攜款潛逃。

如果有人將存款單作為抵債款時，應先到銀行確認存款單是否有效。存款單抵債受損失作為銀行給予儲戶的唯一合法支款憑證，存款單不可背書轉讓。然而，一些別有用心者卻在向他人借取現金後，故意將寫有自己姓名的未到期存款單轉讓給不明就裡的出資者抵債。如果沒有充足的證據證明曾經自己出過資，那麼損失就成為必然的了。

不要輕易把存款單借給別人做貸款，金融多元化的發展，使許多銀行開辦了存款單小額質押貸款業務。有些投資者便向他人借存款單，到銀行進行質押貸款。出借存款單者可能以為，自己不過是幫別人一個忙而已，其實借存款單與現金沒什麼區別，倘若貸款者到期無法償還，銀行就會按照規定將存款單變現支付債務。

你可能見過兌換破損貨幣的小商人，這些人以破損貨幣半額兌換的方式騙取錢財。這些人為持有缺角等表面少量破損破損貨幣的人半額兌換。從表面看來，這樣做很公平，實際卻是利用人們不懂此類破損貨幣可去銀行全額兌換，以此詐取錢財。

上面所說的是一些常見的陷阱。如果想要更好的防範投資風險，還得多掌握基礎金融知識。同時，若情況不明，切莫輕信他人，不要因為蠅頭小利和不切合實際的投資計畫沖昏頭腦。投資者只有加強防範意識，才能走出五花八門的投資「陷阱」。

│ 投資問答 │

問：請問專家，對一般投資者而言，關於應對市場不確定性的個人投資理財，有什麼建議可以供參考？

答：作為一個投資者而言，或者說對一個民眾來說，防範各種市場風

險以及金融類的風險都是比較重要的。我覺得應該注意這幾點。

第一，在投資和生活中不應該有太貪心的念頭。金融市場的風險和生活中的財務詐騙都會利用人的貪婪心理，也有不少人因此遭受巨大的損失。所以從投資學上來講，首要克服的就是人的貪婪心理。

第二，不要浮躁，做事仔細，關注細節。在投資市場上很多人都沉不住氣，手裡一旦持有股票，就希望一夜暴富，而不去客觀的分析。有的時候會提前賣出，卻發現這檔股票開始漲價，總是抱怨。究其根源就是內心太過浮躁，其實投資到一定階段，考驗的就是心態。

如何制訂好自己的投資計畫

一個好的投資計畫能夠讓我們的投資更加有效率。比如說那些投資高手，他們在投資市場上都會制訂切實可行的投資計畫，那些在投資市場上虧錢的投資者一般都不做投資規劃。

可以這樣說，普通的投資者虧錢的主要原因是沒有周詳的投資計畫。這些投資者的投資決策都發生在一瞬間，或者是聽一些沒有根據的小道消息，或是心血來潮的衝動，把大量的資金很快就投了進去，沒有分析，更沒有周詳的計畫，當投資的專案出現狀況時沒有應對的準備，這種魯莽的投資行為就為後來投資失敗種下了種子！

那麼，對於投資者來說，怎樣才能制訂切實可行的投資計畫呢？一般情況下，可以透過以下幾個步驟來完成：

第一步：清醒的了解自己的抗風險能力

投資就像是一種博弈，一場戰鬥，只有充分了解自己，才會離

勝利更進一步。因此，在制訂投資計畫前，首先要了解自己以下幾
個情況：

(1) 投資者的資金情況：投資者要有一定的固定收入，這是制定
投資計畫的第一前提。這些資金最好是閒置不用的錢，俗話
說得好「巧婦難為無米之炊」。

(2) 投資者承擔投資風險的能力：也就是投資者對收益的依賴程
度。如果投資者對投資收益的依賴很大，就應該選擇債券、
特別股等安全可靠的投資產品。這些投資產品有穩定收益。
如果抗風險能力強，就可以選擇收益高但風險較大的股票進
行投資。

(3) 投資者的心態情況：在證券股票投資中，投資者的心態的強
弱有時比資金的多少還要影響成敗。患得患失、優柔寡斷的
投資者應該盡量規避風險大、起伏變化快的短線股票投資。

(4) 投資者的知識結構以及投資經驗：投資者掌握的投資知識中
對於哪種投資方法更為了解更加明白，以及人生經歷中更
為偏向哪種投資，都會對制訂投資計畫有所幫助。相對而
言，選擇投資自己了解的投資項目，充分利用自己所學的投
資知識和經驗，是投資步入穩定軌道的重要因素。對於股票
投資而言，選擇自己了解的產業的上市公司，運用自己了解
並能夠熟悉運用的方法進行操作，可以更進一步的提高獲利
的機率。

(5) 可以利用的投資時間：投資者應該考慮有多少時間和精力放
在投資項目上，以及能夠獲取多少關於投資的資訊和方式，
如果能夠有充足的時間進行投資，就不太適合短期價格波動

大的股票投資，可以選擇中長期的債券或者績優類的股票進
行投資。

第二步：設定正常的收益預期

在進行投資過程中，很多投資者沒有設定正常的收益預期，總
是追求那些成長收益越來越大的股票，這種想法是非常不合理且錯誤
的。一般會出現這種情況：看到自己的股票價格不斷上漲，就期望自
己的收益不斷增加，在貪婪欲望的操控下投資那些風險特別高的股
票，越陷越深，後果損失慘重；或者是某檔股票價格出現下降，沒有
及時停損，股票價格越來越低。正常情況下如果預期是非常合理的，
就可以及時做出決斷，一樣可以實現既定的收益目標。沒有合理規劃
的人想獲取收益的心態非常重而對損失卻承受不住，希望每一次自己
的投資計畫都成功的心態是投資者一大禁忌。

第三步：分析投資的大環境

能夠對投資的大環境做出清楚的分析是至關重要的，只有一些頂
尖的短線高手是例外，絕大部分的普通投資者還是需要透過把握趨勢
累積資金。作為投資者來講必須學會按照經濟環境的變化而調整自身
的投資策略，這也是人的本能反應。只有能夠把握大的環境變化，才
能更進一步為理財計畫做鋪墊。

第四步：不要輕易動搖自己的投資理念

趨勢追蹤、價值發掘、技術分析等等都可以叫做投資理念。運用
什麼樣的投資理念跟投資者的思想和性格以及經驗有很大關係，如果
投資者對經濟資訊不敏感且沒有清晰的理論精心指導，就不要參與技
術性較強的波段分析。如果投資者沒有足夠的耐心和時間，就不適合
對潛力股票的發掘。市場環境對投資理念的影響也是非常大的，當經

濟發展出現泡沫時，對於潛力股的價值挖掘會很困難的；市場處於長期不景氣的情況下，追蹤趨勢也不是好的投資理念。

第五步：對於投資的操作時間的把握

多長時間對理財產品進行操作，多長時間進行一次理財產品的組合變換重置。這同樣與市場運行的大環境、個人的心理因素、應用何種投資理念有關。長線交易的方式一般非常適合上班族。

第六步：資產分配和投資組合的變化

當投資者做好以上幾個步驟之後，接下來就是具體實施了。相對於使用的傳統資本類別較少而言，多元化廣泛的投資產品的組合使利潤率不斷增加而且利潤風險小。因此，投資者可以設計廣泛多元的投資規劃。一個好的投資方案能夠讓投資者獲得更加穩固豐厚的收益，規避市場風險。具體到股票交易市場，投資者無法準確預測出任何一種股票價格的走勢。假如將全部的資金投入到一檔股票上，一旦市場出現變化，可能損失慘重。如果進行一個投資的組合分配，並且將資金劃分到不同領域的股票之中，規避風險的能力也就大大加強了。

| 投資問答 |

問：專家您好，我和老公兩個人都是普通員工，沒時間做理財規劃，平常的事情非常多，週六日還要照顧孩子，我們想做投資理財，有什麼好的辦法嗎？

答：這位女士您好！現在職業女性非常多，一般都不會有太多的空餘時間進行理財規劃。所以我建議你們諮詢一下理財顧問。顧問會根據你現有的閒置資金的份額進行合理的投資組合。他們能夠提出科學合理的理財計畫供你們參考，打造最適合你們情況的理財計畫。

同時你們還可以基金定期定額的方式進行投資，這種方式的優點是收益穩定，安全性能高。作為年輕人，也可以嘗試一些新型且安全性較高的投資方式。

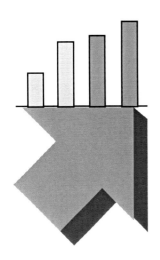

第 2 章　眼光：
投資前必須讀懂總體經濟

大環境下的小投資

作為普通投資者，我們投資的專案都是在總體經濟的大背景下進行。在每一個投資門類中，都離不開對總體經濟大環境的分析。在投資領域，有幾個至關重要的因素直接影響投資產品的價格走勢。這幾個關鍵因素的把握有利於提高投資者的眼光以及投資靈敏度，對未來經濟走勢達到一個預知的作用。

以下幾個因素是影響投資的重要指標：

1.股票的價格指數

股票價格指數是描述股票市場整體價格水準變化的指標。它是選取有代表性的一組股票，把他們的價格進行加權平均，透過一定的計算得到。各種指數具體的股票選取和計算方法是不同的。

經濟學中，把股市的價格指數作為晴雨表，從而可以得知，股市交易的情況是未來經濟發展的預期。對於股市指數指標，投資者必須要做到能夠正確分析其中包含的經濟資訊。股市的靈敏度較高預期效果較好，初學投資，必須對此有所了解。

2.銀行存貸款利息率

又稱銀行利息率，表示一定時期內利息量與本金的比率，通常用百分比表示，按年計算則稱為年利率。

其計算公式是：利息率 = 利息量 ÷ 本金 ÷ 時間 ×100%

銀行利息率的制定是按照市場上的貨幣流通量來作為參考的，以管制市場上的貨幣流通量。每一次的加息或者減息都會對未來投資市場產生巨大效用，已達到國家總體管制的目的。投資者應該了解相關的貨幣政策，以此作為參考。

3. 國家對相關產業的政策

對於各產業的管理者來說，國家的相關政策非常重要。比如對於某種企業的優惠政策或者限制一些高汙染產業發展等。投資理財產品一定要關注國家政策的對某類產業扶植或限定的政策，從而可以投資一些有政策扶持的企業股票。

4. 企業前景

對於投資者來說，不能將資金直接應用在某類企業的商品上。只能根據經濟週期來預測企業的發展趨勢。某個產業的興起還是沒落對投資者來說非常重要，決定了投資者對於手中投資產品的配置辦法。一些高汙染、資源浪費比較嚴重的產業成本巨大，收益不明顯，政策對此類產業限制發展，企業前景自然比較弱勢。

5. 投資環境

經濟發展的好壞，影響各產業的發展，從而影響依賴於實體經濟的資本市場。只有經濟狀況比較好，才能為投資者提供好的投資環境，獲取正確的投資利潤。

｜投資問答｜

問：專家您好，我想請問您關於投資環境的變化還有如何判斷，以及現在的投資環境適合是哪類的投資呢？

答：投資環境的變化是受很多因素影響的結果，不是單一的因果關係。我們在判斷投資環境好壞的時候，應該從社會的大環境出發，而不是從單一的某個指標分析市場行情。

投資環境和投資種類是有區別也有聯繫的。投資產品花樣翻新，層出不斷。應該選擇某一個曾經接觸過的投資產業，或對該產業非常熟悉。這樣投資者就能夠及時對風險進行規避。

金融危機對投資的影響

在全球金融危機下，投資和消費都出現了停滯的現象。對於普通投資者而言，不能改變經濟的現狀。但是，可以透過一些理財方法保持收益的穩定。

最平常的事情最容易被人忽視，就比如說我們買東西吧，幾乎沒有人會去總結自己屬於哪種消費類型。經濟危機下經濟變冷，很多人開始節約，不過這個透過主觀來調整的方式不是十分科學，沒有認真考慮過自己的消費方式是否存在問題，在金融危機的日子裡是否能夠度過。

接下來，我們會告訴你，處理好消費對全球金融危機下的理財生活有多麼重要，而你要做的，就是盡快的建立適合自己的消費哲學，推開通往財務自由道路上的「消費」這道門。

全球金融危機下，為什麼消費那麼重要？

預測金融危機之後可以用兩個詞：通貨緊縮和經濟停滯。經濟若正處於長週期的尾聲，企業和金融機構目前都在消化自身過剩的產能和自身財務的分配，這是經濟泡沫破滅後的典型特徵，儘管政府有密集的經濟刺激計畫政策，但恢復經濟發展也要經過長期的累積。

通貨緊縮意味著產品價格的下跌，比如說房地產交易量急劇萎縮，一些日常消費品價格下降。換句話說就是錢變得更值錢了，儘管金融危機後央行連續降息，民眾終於享受到好久不見的「正利率」，那是不是說應該把錢存入銀行？事實顯然不是這樣。在通貨緊縮的情況下，把錢包括得緊緊的是非常不明智的。車子的價格再跌也不會和廢鐵一樣，房屋的價格再跌去一半，也不會說租房更划算，這時實體經濟比投資虛擬資產更加可靠、更加安全。

　　其實這件事情說來也比較有趣，金融危機以前出現的通貨膨脹，人們就將大量的資金轉換成商品，然而金融危機以後出現了通貨緊縮，政府開始鼓勵人們把錢從銀行裡拿出來。這和我們所了解的經濟學常識恰恰相反！實體經濟和服務產業的價格規律比資本市場的定價規律更加簡單，而掌握規律以後所獲得利潤並不比資本市場的利潤低。2008 年的全球金融危機就給我們留下很深刻的印象，我們要了解金融危機帶來的危害，同時也要看清危機之後給我們留下哪些機會。

　　金融危機對個人投資的影響以及應對方法：

　　1. 收入與投資收益

　　金融危機的到來，大多數的人收入在正常情況下會有所降低，甚至於一些人將會面臨失業。那麼這樣看來，我們必須在可以預知金融危機的同時掌握應對危機的技能以及相關知識，可以在危機發生時將損失降到最低。所涉及的領域最好是受危機影響比較小的產業，盡量不要做與金融有關的投資。資本市場的變化莫測，不是我們大眾可以預測的。

　　2. 心理上的預期以及緊張情緒，受到生存的威脅鋌而走險

　　我們應該加強對金融危機的認知程度，提高防範危機的能力，經常查閱有關金融的報刊雜誌，這樣有利於判斷經濟走勢。要積極理財，減少通膨造成的損失。

│ 投資問答 │

問：請問專家，如何才能合理的預測金融危機的到來？怎麼才能防範金融危機帶來的損失？

答：您好！我們所說的金融危機又稱金融風暴，是指一個國家或幾個

國家與地區的全部或大部分金融指標（如：短期利率、貨幣資產、證券、房地產、土地價格、商業破產數和金融機構倒閉數）的急劇、短暫和超週期的惡化。這些惡化都是連鎖反應一個經濟領域出現狀況促發其他領域出現問題，根本原因是經濟運行中出現的問題導致的。

這屬於系統性風險，不在防範的範疇之中。但是，危機爆發之前，都會有明顯的標誌。比如說，日常消費品的價格普遍上漲，股市出現大量泡沫，工業產品價格上漲，生產成本價格成長幅度較大。這些都是經濟運行過熱導致金融危機的因素。

作為普通投資者應避免盲目追漲，不要沒有限度的將資金投放在虛擬資產上。而實體經濟的投資應該放在金融危機之後的復甦階段。

匯率變化對投資的影響

1. 匯率的定義

匯率又稱匯價或外匯行市，是指以一國貨幣兌換另一國貨幣的比率。

匯率作為一項重要的經濟槓桿，其變動能反作用於經濟，而匯率對投資的調節作用是透過影響進出口、物價、資本流動等實現的。

2. 匯率對出口的影響

匯率對投資的影響是由出口而來的，在正常的情況下，本國貨幣貶值，能夠擴大出口而減少進口，有力於國內的盈餘。

它對出口的影響大概是這樣的：貨幣在國內的購買力不發生變化，而國外貨幣發生貶值的時候，這個國家出口所獲得的外匯收入，

按照新的貨幣比例核算就會獲得更多的本國貨幣，出口企業和個人就會從貶值中獲得更多的利潤，加大了出口的需求量，對國內的投資產生促進作用。那麼對進口來講，由於進口商品的價格按照新的匯率核算，就相當於企業多花費了資金，導致了進口商品價格的成長，對出口達到了促進作用。這樣，國內的商品需求必須透過投資來完成，從另一個方面刺激了國內經濟的發展。

如果說本國貨幣出現升值，進口的數量就會增加，出口就會受到限制，導致的投資的減少。但不是完全沒有益處，是順差還是逆差還要結合需求彈性來考慮，這就是所說的價格變動導致需求數量變動的多少。如果進出口需求對匯率和商品價格變動反應靈敏，就說明需求彈性大，那麼匯率對商品出口的影響就比較小。如果說需求彈性小，那麼外匯對商品出口的影響就小。

匯率影響投資的方式是透過進出口商品的價格，匯率不僅可以影響進出口商品的數量，也可影響物價水準，從進口消費品和原料上影響價格。本國貨幣貶值就會引起商品的價格的上漲，國內的消費品價格就會上漲，這樣就刺激了國內投資；相反的是，匯率出現升值的情況，那麼進口商品的價格就會便宜，間接影響國內的投資熱情。

3. 匯率對資本流量的影響

匯率的變動可以改變資本的流量，由於國際一體化形式的不斷加深，國內的投資活動在國內已經無法獲得滿足，需要借助國際資本的注入改變投資環境。長期資本的流動受匯率的影響比較小，長期資本的目的主要是獲取利潤和規避風險。利率能夠得以保證並且風險低的情況下不會出現大的波動，所以匯率的變化對長期的資本流動影響較小。但是那些短期流入的資本對匯率變化比較明顯。在匯率下降的時

候，本國以及外國的投資人就對貶值國貨幣進行風險規避，經常會出現流入其他匯率上升的國家的現象。因此，匯率貶值，會減少市場上的流動資金；匯率升值的話，金融資產的投入就會增加。

　　匯率的實際作用還與各國的經濟體制、市場條件和市場運行機制相關聯，對外資金流入的態度也是一方面，一般而言，一個國家自身的調節功能越強大，與國際的關係越密切，匯率的效用也就越明顯。

｜投資問答｜

問：請教專家，在外匯市場上，幣值匯率出現了一路走高的狀態，這
　　對我們生活有什麼影響，這種狀態會一直持續下去嗎？

答：你所問的問題，也是現在我們經常關注的外匯問題。經濟貿易一
　　直處於高順差的情況，也就是說我們出口的商品大於進口的商
　　品，外匯存底逐年增加。幣值升值的情況也是非常正常的。
　　本幣的升值有利於民眾出國旅遊以及出國留學，強化境外投資的
　　能力。有利於「走出去」的策略的實施。事物都具有兩面性，隨
　　著外匯匯率的不斷上升使出口受到影響。

通貨膨脹情況下的投資策略

　　1. 通貨膨脹的程度可以劃分以下三種：

　　A. 通貨膨脹率的上限不超過 10%

　　一般這種情況下經濟發展處於非常繁榮的狀態，資本市場和房地產市場進入突飛猛進的發展。

　　這時國家政策的一些總體管制政策受到高漲的投資熱情的排斥。具有豐富經驗的股民開始離開股市，房地產的泡沫逐漸放大，這時握

有實物資產的人可以獲得較大利潤，盲目無計畫的加大投入是不可取的，目光較遠的企業家已經準備應對經濟市場上還未出現的「饑荒」。所有的商品出現大規模的上漲，利率的成長速度已經超過了物價的成長速度，這時應該把部分固定產品換成現金，買入一些流通性強易於兌換的基金或其他投資產品。

B. 商品價格迅速成長

此時國家一定會頒布一些更加強大的管制政策，經濟運行速度平穩降低的可能性比較小，隨之而來的是經濟發展出現衰落的現象。理性投資者這時應該退出股市。房產有一定的抗通膨能力，甚至可以說是應對物價上漲保值的有效手段，但不要向銀行貸款買房，這使得財務成本付出的代價較大，也不能把買房作為投資手段，此時不是投資房產的有利時機，盡量不要把手中的房產作為籌碼盡快出手，原因是一旦經濟步入衰退期對於房地產的衝擊是非常大的。這時，國家的利率調整使利率又有一個大的提高，長期風險小的固定投資是不錯的選擇，如長期國家債券等，但企業發行的債券要小心，它的還本付息能力很可能隨著經濟衰退期的到來而消失。

經濟狀況走到通貨膨脹末期的時候，普通商品的價格已開始平穩或回落，而銀行利率還沒有做出調整，可以做一些高利息率的長期債券或儲蓄投資，分享物價平穩時期穩定的高收益。

C. 惡性通貨膨脹

這個時候的資產全部出現跳水似的下跌，甚至一些房產企業也不能投資，經濟發展到這種地步必然會面臨相當長的蕭條期，甚至出現政治動亂。盡量把資產兌換成別國貨幣或者黃金。黃金是國際強勢貨幣，可以對抗各種經濟風險。收藏這時也成為了不錯的選擇，因為這

些是可帶走的，沒有地域性，易於流通。

　　2. 不同類型的人應對通貨膨脹的策略：

　　通貨膨脹導致資產價格普遍上漲，由於資產的類型不同，因而對這些資產的投資所獲得的收益與風險也不相同。無論投資何種理財產品，卻都有其相同的規律：高收益的背後必然承受高風險，在高速的通貨膨脹下，上漲迅猛的商品下跌的速度必然也迅猛；相反，價格上漲速度慢的資產價格下跌的速度也小，風險低。風險的大小不能區分產品的優劣，這主要取決於投資者對風險的承受能力與認知程度。

　　A. 風險承擔力強的人適合高風險的投資；喜歡生活安逸的人宜選擇風險低的投資種類。

　　特別要注意的是，高風險的投資和賭博是有本質區別的；還要注意的是，如果投資者將全部財產都投資在高風險的理財產品上，是非常缺乏理性的行為。

　　B. 密切關注國家的管制政策，適時調整理財行為。

　　投資者應關注管制政策，洞悉市場的動向，分析市場的動態。例如經濟危機時推出的政策是為了抑制流動性的成長，但是對股票市場的發展達到了管制的作用，這種政策的影響要大於對樓市的影響。因此，投資者及時關注市場風險，能夠合理的進行資產分配，如果在資本市場上孤注一擲可能會為自己的投資帶來災難。

　　C. 把握好資產配置比例

　　投資者特別要注意組合投資，合理配置各種投資組合，從而達到資產合理配置的最佳效果。投資組合理論認為：若干種證券組成的投資組合，其收益是這些證券收益的加權平均數，但是其風險不是這些證券風險的加權平均風險，投資組合能降低風險。投資組合是指將各

種不同性質種類的資產加以組合，包括現金、存款、股票、基金、房產、黃金等，如何配置則可依個人對風險與收益的需求而定。組合投資可使資產整體的安全性高，風險小，收益較為穩定。

| 投資問答 |

問：請問專家，金融危機以後部分商品的價格沒有回落的跡象，日常生活的商品價格還出現上漲的現象，是不是通貨膨脹還在持續？

答：對於你說的現象，我無法直觀的告訴你是否出現通貨膨脹，只能告訴你一些關於物價上漲的因素。諸如說商品的成本上漲，運輸費用的提高、員工薪資的提高，都會使商品的價格上漲。還有一些商品的價格是受到季節的因素的影響而上漲。還有一條，就是「價值規律」會使商品的價格受到供需關係的影響。

所以不能說價格上漲就是通貨膨脹，這種說法比較片面。我們應該更加關注市場動態，閱讀相關新聞，了解即時動態，把握經濟脈搏。

通貨緊縮情況下的投資策略

最近幾年通貨膨脹成為了流行語，卻很少人了解有關通貨緊縮的消息和知識。其實，通貨緊縮的發生也會給經濟運行和國民生活帶來不少影響。

首先闡釋一下通貨緊縮的出現原因：當市場上流通的資金量減少，人們手中持有的貨幣減少，而市場上的商品數量不變，迫使廠商降價，造成通貨緊縮。長期的通貨緊縮會使投資和生產減少，導致部分廠商倒閉、員工離職。有關通貨緊縮的限定範圍，學術界還存在很

多分歧。大多數經濟學家認為，當消費者價格指數連續下跌三個月，即表示已出現通縮。通貨緊縮就是生產產品過剩或市場的需求量較小導致物價等相關價格的下跌。

對於通貨緊縮的真正定義，與通貨膨脹一樣，對其定義的理解還是有所不同。從爭論的內容來看，大致可以分為以下三種：一是物價的普遍持續下降；二是有效需求不足，經濟全面衰退；三是貨幣供給量的連續下降。這類觀點被稱為「三要素論」。這三點都闡述了商品與價格的關係。

通貨緊縮與通貨膨脹都屬於經濟運行不正常的狀態，但和我們預測的不同的是通貨緊縮的危害比通貨膨脹的經濟危害更嚴重。

首先，通貨緊縮會導致經濟運行出現異常甚至衰敗。商品價格不斷降低，必然使人們對經濟預期產生失落情緒，收緊口袋，促使消費和投資的下滑，從而加速經濟的衰退。

其次，商品的價格的下降等於實際貸款利率的提高，增加了企業貸款投資的阻力，債務人所受的損失更大，商品降價利潤降低，嚴重時導致部分企業虧損甚至破產。由於企業經營狀態不良，銀行到期帳款無法收回，出現大量呆帳，同時沒有好的盈利項目，還要向儲戶支付利息，甚至在經濟恐慌中出現「擠兌」的現象，從而引起銀行破產，使金融系統面臨崩潰。

最後，經濟形式的惡化催發人們對經濟預期的恐懼，會使經濟陷入惡性循環之中。同時這種通貨緊縮還會受國際貿易的影響波及其他國家，而全世界的緊縮又進一步加劇國家經濟惡化，使之惡性循環下去，其後果非常嚴重。

通縮時代如何安全理財？

（1）目前通貨緊縮出現的可能性比較小，其風險的防範還是以控制為主。

將資金存入銀行也是一種措施。往銀行做儲蓄投資也是有一定的技巧，假設出現經濟通貨緊縮的情況，國家隨時會政策降息的政策，因此短期的資金以收益相對較高的通知存款比較合理。

（2）通縮來臨，投資樓市，安全增值。

房地產的企業鏈條非常長，在經濟下滑的通貨緊縮時期，國家必定政策政策振興房地產。房產的投資賦予多重效益，投資房地產可以滿足自己居住的需要，也可以出租收取租金，隨著時間的推移房屋本身也會升值。

（3）收益穩定的銀行理財產品也值得投資者關注。

由於人們盲目的追求高利潤導致低風險理財產品減少，即使投資者有投資低風險理財產品的願望也不一定能夠實現，但可以借助銀行推出的理財服務進行理財產品的投資。

（4）基金也是不錯的選擇，其優勢是可以並根據基金良莠隨時調整投資份額。

市場環境不明確的情況下，建議把投資做成兩部分。一部分可以投資那些風險低、可保本的基金、貨幣基金、債券基金；另一部分的資金需要日常的累積做一下每個月的基金定投，這些投資風險高但收益高做結餘投資比較好，複利增值，積少成多，合理配置應對市場風險，長久持續投資有利於豐厚的資金累積。

| 投資問答 |

問：請教專家，我今年三十歲了，在我們這一代是不是不會出現通縮？

答：回顧近二十年，經濟發展繁榮。但是通貨緊縮也曾經在出現過，
　　當時給帶來了不小的影響。許多工廠因此倒閉，大量工員工離
　　職。所以我們不得不關注通貨緊縮的發生。作為個人來講，做一
　　些投資對生活水準的提高有所幫助，還可以抵抗市場風險，我們
　　何樂而不為呢！

從利率看投資

　　利率的變化程度與儲蓄和貨幣需求量的關係特別密切。從總體經
濟學角度看，儲蓄就是對銀行的投資。所以，利率的變動直接影響現
有的投資市場，且透過調節存款的數量而影響未來的投資情況。

　　凱因斯研究利率的作用後加以大力發揮，成為其著名的「需求理
論」的核心內容。凱因斯這樣認為：債券的價格和利率的關係恰好相
反，如果利率提升，則債券的價格就會下降；如果利率下降，那麼債
券價格就會上漲。利率與債券的這種反比關係，使得人們在資金的安
排上可以在現金與債券之間做出選擇，達到獲利的目的。如果透過分
析預期利率將會下降，表明未來時段債券價格會上升，則人們偏好現
在購入債券，在未來階段債券價格上升賣出債券；相反，人們分析利
率會上升使得人們願意把錢存入銀行，將手裡的債券兌換成貨幣存入
銀行，防止將來債券價格下跌承受損失。從總體經濟學的觀點看，利
率的變化直接影響投資者的投資規模和投資貨幣的配置。

1. 利率對投資規模的影響

　　利率對投資規模的影響主要是說利率變動對於社會總投資的影
響。在既定收益不變的條件下，因利率的提高而導致的投資成本增
加，必然讓一些投資收益本來就不高的投資者退出該領域，導致投資

的總需求減少；與之相反，利率出現下跌的情況表明投資成本降低，有利於投資收益的增加，使社會總投資增加。由於利率這一奇特的功能，貨幣管理機構和投資機構都把利率的變化，當做衡量經濟運行狀況的一個重要指標，和一種有效調節經濟發展的工具。因此，自1930 年代經濟大恐慌以來，穩定管制利率在歐美國家的貨幣政策體系中占據著非常重要的地位。

　　二戰之後，經濟開始復甦，西方各國為了逐漸恢復遭到破壞的生產，降低利率刺激經濟的高速發展，這時經濟成長和就業率成為了首要目標。各個國家頒布的低利率政策鼓勵投資，擴大國內生產規模，促進經濟的迅速成長而受到金融管理部門的青睞，並且在之後的近三十年裡，達到了促進經濟發展鼓勵投資的重要作用。

　　比如說，在整個 1960 年代，美國國民人均生產總值成長率都在4% 左右；韓國的低利率刺激作用更加顯著成長，高達 5%，企業在低利率下得到實惠，減少了利息負擔，降低了企業成本，客觀上增加了企業利潤，鼓勵了企業進一步的投資，加速了整個工業發展的進程；日本政府政策的銀行低利率政策，促進了對國家的投資、工業的高效快速發展和貿易出口的開展。

　　1970 年代初，歐美各國國際收支極度不平衡，發生了程度不同的通貨膨脹。與此同時，經濟發展緩慢，出現了可怕的「滯脹」局面。為了抑制經濟危機的惡化，歐美各國推出了高利率的貸款政策，以減少投資，抑制通貨膨脹的持續，效果非常顯著。尤其是英國的通貨膨脹率，從 1957 年的 24.2% 下降到 1982 年的 8.6%，再繼續下降到 1988 年的 3.8%；日本的通貨膨脹率也從 1974 年的 24.3% 逐漸下降到 1988 年的 0.5%。

我們可以看出，利率的調整對投資環境乃至整個經濟週期的活動的影響都很大，這一點，不光是西方經濟學理論特別要求，它的價值也在實踐得以證明。

2. 利率可以調整投資結構

投資結構的範圍，主要指用於國民經濟各生產部門的比例結構關係。利率作為調節投資資金量的槓桿，不但決定投資環境的範圍，投資結構也受到利率水準和利率結構的影響。

| 投資問答 |

問：我想諮詢一下專家，作為普通投資者如何看待關於利率調整的問題，投資者怎樣解讀利率的變化和經濟狀況？

答：利率的調整都是有嚴格的計畫標準，還要根據經濟狀況進行調整。最直觀的是利息率的調整對於股票市場的影響。每當利息提高，說明國家緊縮銀根，減少市場的貨幣流通量，促使股市下跌。降低利率，資金量增加，股市變得活躍。

銀行利率的調整能夠充分展現政府對未來經濟形式的意見，作為一個資金結構的槓桿，普通投資者對於利率的關注也是必不可少的。

讀懂股票價格指數

股票指數是用來反映樣本股票整體價格變動情況的指數。人們對未來市場的預期不同，對每檔股票的前景看法不同，就會產生不同的操作方法。對市場預期不好的人會把股票賣出，而對市場充滿信心的人會大量買進。當買入的數量大於賣出的數量，需求大於供給股價自

然上升；當買入的數量小於賣出的數量，股票價格自然下跌。所以，股票的價格基本上受到供需的影響，也和人們的心理預期相關。投資者一般把那些內在價值大於市場價格的股票作為投資的焦點，透過這種方式，股票的指數與股票價格在不斷變化中進行。總體來說，股價指數受到以下幾個方面的影響：

1. 大市場背景下的總體經濟

一般來說，在總體經濟運行正常的情況下，股票價格指數應該處於不斷上升的模式中；大市場經濟出現惡化的情況下，股票價格指數會呈現弱勢下跌的趨勢。同時，單一企業自身的運行狀態和股票價格指數的聯繫也比較密切，假如企業經營狀況良好，業績不斷提升時，這個企業的股票自然會上漲，反之股票會出現下跌的趨勢。這就顯現出股市作為「經濟晴雨表」的功能。

另外，在經濟全球一體化的趨勢下，本國經濟形勢與世界經濟發展也是密不可分的。一直以來對外貿易保持巨大的順差，對外貿易成為經濟發展的支柱產業，因此，股價指數與國際經濟形勢是密不可分的。比如：德國的標準普爾 500 指數、道瓊指數、日經 225 指數等。

2. 利率、匯率水準的高低及趨勢

通常來講，利率越高股票價格指數越低；反之，股票價格指數越高。究其原因，在利率較高的情況下，投資者偏愛於拿錢做存款，或購買債券等，從而導致股市上的資金量減少，股票的價格隨之下降；反之，利率越低，股票指數就會越高。因為利率太低投資存款的利潤微薄，使越來越多的投資者目光集中股票市場，導致股票價格指數的上升。

在世界經濟發展歷程中，各國的通貨膨脹、貨幣匯價以及利率的

不斷變化，在經濟生活中已經見怪不怪了，但是對於期貨市場的影響
日益加深。但最近幾年，歐美國家會出現在銀行利率上升時，股票市
場的熱情並不減少，原因是投資者在兩者之間搖擺：銀行存款風險比
較小，利率較高，收入穩定，但不易變現，資金被固定在銀行中，並
且無法彌補通貨膨脹造成的損失。而股票的交易靈活方便，風險雖然
大，但是如果眼光好，可獲得巨大的利潤。所以，在低利率的情況下
提高不大的利息率，部分投資者還會痴迷於股票的投資。匯率的變化
與利率率有相同之處，即本國貨幣的升值，有利於進口，不利於出口。

3. 資金供給和需求量以及市場預期

當一定時期市場資金比較充足的時候，投資者對股票的需求比較
旺盛，會推動股票價格指數上升，相反，會促使股票價格指數下跌。
比如國家擁有的外匯存底，貨幣供給量充足，推動了股指價格上漲。
當然，資金過多，可能導致結構性的通貨膨脹。再比如政府的社會支
出增加，通常也會推動股票價格指數的上升。因為政府的社會支出增
加，將使國內資金流量增加。

同樣，社會貨幣供應量的增減對股票的指數也有影響。通常，
貨幣供應量增加，社會的流動資金就會偏向股市投入，從而把股票價
格抬高；相反，市場上的貨幣供應量減少，大眾的消費水準降低，股
價也必然下跌。由貨幣的供應量的增加導致通貨膨脹的發生機率提
高，在一定範圍內刺激了生產，因為它增加了企業的銷售額和股票的
價格有所上漲，所以在負利率的情況下，人們為了保值，喪失了對存
款的熱心，把資金投入到股票市場。但是，如果市場的通貨膨脹超預
期的放大，甚至超過 10%，那麼將造成實際的薪資水準降低和市場
的需求量下滑，加劇產能過剩，導致經濟危機，最終導致股票價格迅

速跌落。

4.國家的經濟金融政策

國家出於對市場經濟化的各產業類型的轉變，一般會政策調整利率、匯率及針對各產業、各區域的政策等，這些政策會對整個經濟環境和產業板塊造成影響，從而影響股市的指數走勢。上市公司由於資金流轉問題向銀行借款，借款數額的增加，銀行的監管權開始加大，執行的話語權更加有說服力。

在企業收益減少的情況下，銀行作為債權人希望上市公司能夠及時派發股息，但考慮到自身的財產安全問題，也會支援企業少發或停發股息，這會影響股票在市場上的價格。稅負的徵收也會影響股市，投資者最開始購買股票的目的是獲取股息增加收益，比如說政策扶植某類產業的減稅政策，無形當中使這些企業增加了收益，進而造成股票價格上升。

| 投資問答 |

問：專家您好，我今年快四十歲了，收入算是中等水準，家裡有一部分閒置資金，想投入到股市上，不知道選擇什麼樣類型的股票比較合適。您能否給我一個合理的建議？

答：您好，這個問題有不少投資者諮詢過，由於受到年齡、風險偏好、個人興趣、心理因素等多種因素的影響，投資股票的類型也不相同。

透過對你個人情況的介紹我進行了分析，你閒置資金的流動性比較大，需要變現的可能性多，建議你選擇股市一些國有的股票，買入的時間應該在股市平穩的時期，這樣風險比較小，而且易於變現。建議獲利即可賣出，不要盲目追高，經常關注所投資股票

相關產業資訊，及時作出調整。最後提醒「股市有風險，入市須
謹慎」。

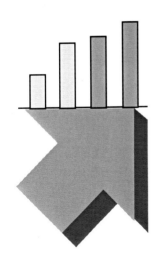

第 3 章 理性：
遵循投資規律

克服感情用事的投資

一位投資學家曾說過：「投資其實就是一項考驗心理的戰爭。」這就充分說明了一個問題，心理因素對投資達到了至關重要的作用。

《孫子兵法》：「主不可以怒而興師，將不可以慍而致戰。」《三國演義》中的劉備，因為二弟關羽被殺勃然大怒，負氣發兵攻打孫權，最後被陸遜的一把大火，火燒連營七百里，最後只能在白帝城託孤於諸葛亮，一代英豪因動氣而殞命。

當年威名赫赫的比爾・米勒（Bill Miller）在金融危機中一敗塗地，彼得・林區（Peter Lynch）曾經默許他是接班人，曾經連續數十年的預測在標準普爾指數之上，但是這個榮譽由於他的一時衝動而被毀掉。當美國次級房貸風暴開始席捲金融市場時，比爾・米勒卻堅信自己能從中漁利，把自己認為有前途的股票裡挑選了幾家大的上市公司不斷買入其股票。這些股票每天出現暴跌，他認為投資者恐慌大為誇張，堅持自己的觀點連續買入。十多年來，他的反向思維操作都很成功，但這次的金融危機讓他遭受極大的損失，久負盛名的他一敗塗地。

受國際形勢的影響股市的波動幅度越來越大，投資者很可能迷失方向。對於基金的投資者來講，賣出比買入更加難以抉擇，尤其你了解了某種基金以後，一廂情願的持有狀態非常不好的基金，而且持有時間越長，付出的關切越大，最後可能這些基金一點起色也沒有。

著名的投資大師安東尼・波頓（Anthony Bolton）是這樣告誡投資者的：「不要跟股票談戀愛。」在以投資長線的目標下，應該做到仔細分析、合理適時劃分的好習慣，不要失去理性，以至於對它「情有獨鍾」，愛屋及烏無法看出其中的缺陷。

有哪些能夠擺脫情感束縛的方法呢？在投資過程中，要明確個人的投資時間，投資的金額以及獲利範圍，認真分析其內在價值，而且要冷靜不要帶有感情色彩的看待投資的品種。哪怕這種產品曾經非常輝煌使人喜愛成績亮眼，不要過度的看待以前的光輝。必須明確的一點，成長的軌跡會不斷的變化，未來經濟的走勢還都不能明確的認知。過往的業績不過是考慮的指標之一，關鍵是找到適合自己實際情況的投資目標，適合的未必一定是「最好的」。教給大家幾個步驟緩解緊張的情緒。

在市場上的廝殺只是投資中的一部分，還有心理上自己與自己之間的思考鬥爭。公開的交易是情感上的一場鬥爭。數據顯示：每個投資者每天至少花費六個半小時在關注行情的變化，你在這個時間段都會發現自己的長處與不足，而市場行情的變化不會因為投資者情況的不同而區分對待。

賠錢雖然是件痛苦的事，其實也是對個人的歷練，只要程度不大，能夠及時停損，把風險規劃到自己可控範圍內就可以了，因為世界上沒有從不犯錯的人。

事實上，提供投資決策的是心，而不是大腦，但一時性起不會有好收場。我們和伴侶發生了爭吵，就決定賣掉漲勢非常良好的投資產品來發洩一下心情；或者，我們對某種股票產生厭煩心理，就把目光集中到那些槓桿率高的投資專案上撈一把；當我們感覺是策略失誤時，就把資金增加投入到投資中，希望漲幅不大就可以挽回損失。根據我們的經驗，所有損失的錢，比看醫生診療的錢還要多。

投資問答

問：專家您好，許多人都說過「投資就是看心理狀態」，那請問您什

麼樣的心理不適合投資？我想知道我屬於那種狀態？

答： 比如說，感情過於豐富、優柔寡斷、缺乏耐心、做事情馬馬虎虎
的，這幾種人在投資中都是大忌。他們的共同投資弱勢是缺乏主
見，做事情畏首畏尾，沒有恆心研究股票。這幾種類型的人都不
適合風險大的投資。

如果心態較穩定，對資金能夠合理配置，沒有貪婪的心態，最重
要的有閒置資金，這一類人比較適合報酬較高的投資。

投資風險的規避和心理調節

1. 留些現金

巧婦難為無米之炊，給自己做最壞的打算留出部分資金，作為
以後周轉。這是必須的，因為市場上的變化比較大，風險隨時可能出
現，盡量做到有備無患。

留出多餘的資金不是什麼罕見的辦法，每個理性的投資者都會在
貨幣市場或儲蓄帳戶中預備出一筆錢作為一年或至少半年的生活費。
這部分資金的獲利能力比較小，只是做一個未來的保障。

就像人們買保險一樣，很少有人能收回保費，這筆錢還是有它
的作用。投資風險的存在是必然的，獲得利潤的同時也伴隨著風險的
滋生。這部分錢實際是你在市場上博弈的有力保障。假如說你明晰
了在未來的幾個月中出現損失，你就可以利用這筆錢更從容的應對
風險了。

2. 保持冷靜

在美國的一些州，禁止人們走進槍枝店購買後，立即拿出一枝

槍走出來。地方政府和聯邦法律有明確的規定，要有一個「等待」或者「沉澱」的時間段，來緩解一個人的衝動，消緩立即使用槍支的情況發生。

但在投資市場上沒有這樣的限制，雖然一時的衝動不會要人的命，卻可以使人喪失理性的思維。這樣的衝動導致理性思維的混亂，破壞原有的投資方針，一連串的連鎖反應使投資人步入瘋狂的投資當中，往往這種情況的發生，標誌這一個人投資的失敗。

當你計劃一個長期投資而不是抓短線時，正常情況下應該是仔細分析分配投資組合而不是腦袋一熱。在這個時候，必須有一個沉澱的過程使自己頭腦清醒。

因此我們主張投資策略出現變動時，特別是要加大資金投入時，至少要喝杯茶，或者安靜下來看看書。當你急於求成或者想重新「翻本」的時候，你就會產生衝動的情緒，你會想買進那些漲跌幅度大的股票。這時能夠靜下心想一想也能幫助你考慮是否進行交易。談及股票的持有量減少，應該設立一個低於市場價格的停損點來提醒自己。不管情緒上有什麼樣的變化，交易的啟動是不可避免的。要清楚一點，不管外盤形式如何，如果某檔股票的虧損額度接近 20%，就要毫不猶豫的賣出，把心裡負擔卸下來。

3. 無知是福

股票只是所有權的一種憑證而不是公司，它只代表上市公司的所占份額。我們看到的上市公司業績報表越多，參加的股票講座越多，心中的疑惑也就越多，疑慮之下落入一個虧錢的循環。

切忌把投資作為一種形式化，其本質是一筆商業交易。譬如說以前的電信業者提供的服務產品性價比沒有其他電信好，我們中會有更

多的人毫不猶豫的與現有的電信業者解除合約；而談及到股票的選擇
上，也應該選擇比較有益的股票。

　　盲目跟從、貪圖眼前利益、心理上對金錢的得失產生的恐懼是人
性普遍的弱點。有所不同的是，對於投資力度的考驗，每個人的反應
方式各有不同而已。為了規避風險和減少損失，投資人應該避免一時
衝動的投資方式。想要避免帶有感情色彩的投資，第一要點就是認清
自己的實力，了解自己能夠承受多少損失和自身所具有的弱點。根據
自己的風險承受能力和實際的獲利情況做出相對的投資計畫，充分準
備，執行到底。假如說你身邊的人都在談論某一種收藏品，它的價格
一漲再漲，看到別人賺錢，你會不會也想進入收藏市場，參與其中？

　　盲目跟從，你可能就是擊鼓傳花的最後一個人，接手在最高的價
格，損失慘重；已經賺取了 60% 的收益，市場行情出現變化，依舊
奢求賺取更多利益，而收益隨市場的變化跌宕，造成重大損失；市場
出現暴跌，又因為恐慌而賣出了前景好的正在上漲通道中的藏品，更
可悲的是，當市場開始復甦，因為損失的恐慌而不敢進場購入藏品，
錯過了彌補損失的機會。這些躁動不安的情緒使得投資者的原本計畫
可以增值的投資產品有所減少或者是觀望，而造成投資損失。

投資問答

問：專家您好，如何能夠有效的調節心理上的落差，避免出現盲從、
　　跟風等不良心理狀態？

答：投資心態的調整不是一朝一夕的事，需要在平常生活中把握自身
　　的狀態。歷練足夠的自制力避免「三天打魚兩天曬網」。浮躁是
　　現代人的普遍缺點，如果能靜下心來，專注分析，一定會對投資
　　產生好的效果。

分析學習歷史經驗

古語云：以銅為鑒，可正衣冠；以人為鑒，可明得失；以史為鑒，可知興替。史書上記載了和解釋了許多人類社會發展的具體過程和其規律性，而歷史的發展指一切事物和時間的推移過程。

1. 學史明智

那些被世界公認的投資大師，他們多年的投資經驗已經著書立傳，閱讀這些書籍也對投資者很有幫助，比如：如約翰‧S‧戈登（John S. Gordon）曾出版的《偉大的博弈》（*The Great Game*）一書，完整的敘述了從 1950 年代到 21 世紀初華爾街的故事，可以說是資本市場歷史的鴻篇巨作。歷史發生的一些著名事件和一些體制規範，是投資者開闊眼界的好方法。

2. 牢記歷史的經驗教訓

「歷史能夠給我們的教訓，就是我們從來不接受歷史的教訓」，這是一句奇怪的投資界的名言，但相信研究過投資理財歷史的人都會感觸頗多。

很多投資者唏噓不已：這檔股票我買過，賺了一點錢我就賣了，如果不賣的話我已經賺夠百萬了。或者是這檔基金我曾經買過，但剛買不到一個月，看它的走勢不好，還虧錢就割肉了，沒想到它居然翻倍了，比現在持有的基金表現好很多……這說明了投資者在股市興旺中「持股」堅定非常重要，而基金屬於一個成長型的投資品種，不能因為短時間的表現去判斷好壞，因小失大就不划算了。

但「好了傷疤忘了痛」這種毛病很難改，受不了貪婪心的鼓動進

行頻繁的買進賣出，因此「總想吃後悔藥」的事情經常發生。牢記歷史並接受歷史教訓是投資者應該篤信的人生準則。一些人經常是「在同一個地方摔倒，爬起之後卻又摔倒。」究其根源是沒有吸取歷史的教訓，如果輕視歷史的告誡，將過去的事情拋之腦後，可能還會犯相同的錯誤。這句話適合每件事、每個人。

3. 歷史不是簡單的重複

　　銘記歷史的教訓以外，把握科學歷史唯物論哲學觀也是不可或缺的。「人永遠不可能兩次踏入同一條河流」，縱觀歷史的變化發展，雖然每件事情都有規律可以參考，但是規律不是機械性的重複。當歷史重演的時候，新的變化在所難免，這就需要我們把握具體情況去研究、去探索，這樣才能充分做到觀古看今。對於投資理財，道理其實也是相同的，投資者的任何一次的盈利和虧損，都會成為投資道路上的歷史，這些失敗或者勝利的投資事情共同形成了自己的投資歷史。作為一個有觀察能力的投資人，都需要透過研究自己經過的投資經歷，做一個成功的總結，汲取失敗的教訓，讓自己的投資路線走得更加圓滿。

　　有句諺語，「條條大路通羅馬」。但學習別人的成功經驗的同時應該學會結合自身的實際情況，也是獲取成功不二法門。資本市場上的投資大師的成功經驗都是值得我們讚嘆，可能這些大師是由於環境的變化而產生的 —— 與其所處的歷史經濟環境有莫大聯繫，但一定程度上也可能是大師造就了歷史 —— 由於這些人的存在，推進甚至改變了歷史發展的軌跡。我們應該仔細的加以借鑒，從中汲取營養，再聯繫自身的實際情況，這樣才能交上一份完美的投資試卷。

| 投資問答 |

問：專家您好，聽到你講的關於借鑒歷史的投資知識非常感興趣，那請問您，歷史的發展不會重複，我們怎樣把握歷史給我們留下的規律呢？

答：這個問題問的非常到位，投資的歷史非常易於觀察，那其中的規律怎麼把握，這就成為廣大投資者比較關心的問題。投資歷史的發展，可以說是有跡可循。每一次的股市資本市場的波動都是與當時的經濟發展狀態密不可分的。我們抓住規律的關鍵就是分析當時的歷史經濟條件。當時經濟發展狀態的表象會形成相關的資料出現在資本市場中，這就是為什麼股市被稱為經濟晴雨表的原因。我們不妨回顧一下歷史，從經濟蕭條到經濟復甦，每次股票市場都把經濟狀況表現得淋漓盡致。

所以投資者想把握歷史規律，即必須關注經濟形勢的走向，才能有所領悟。

如何培養良好的投資習慣與執行力

良好的投資習慣與執行力的培養可以從以下幾個步驟進行：

第一步：下定決心做一個理財規劃。

大部分人認為理財就是勒緊褲腰帶，進而聯想到理財會影響自己的生活水準和情操的陶冶。理財可能會讓我們失去生活中的樂趣和品質嗎？答案一定是錯誤的，而且合理的理財規劃會為你帶來豐厚的報酬。理財其實並不是難，只是人們自己過於擔憂罷了！最困難的是讓自己有充足的勇氣理財。如果你一直排斥理財，終將面臨帳務一團糟的景象。給自己鼓足勇氣「自己」理財，才可以說是離成功又近

了一步。

第二步：有定量的財務帳目。

您鼓起勇氣自己管理帳務，把財務與債務獨立起來。這裡所說的就是把負債和收入分開管理，兩者的獨立狀態是其理財實際意義上的第一步。

惡性負債就是指我們無法管理操作的債務，例如生病、自然災害、車禍等，這些都屬於惡性負債。所以財務獨立的防衛工作就是買一份保障生命健康的保險，這樣才能將意外的損失讓保險公司為你「買單」，讓您的投資變得無憂無慮。

第三步：有效的控制良性負債。

良性負債就是自己可以調整的負債，比如說吃飯、娛樂唱歌、撫養子女、房屋貸款及汽車貸款等這些都是能夠調節的負債。對於剛剛上班的新人來說，工作初的幾年的生活方式直接影響未來的生活節奏。例如在外地工作需要付租金、平常花錢大手大腳的人，可以說是新一代的「月光族」，甚至說還要向別人借錢；而那些住在家裡、吃住相當划算，每個月的剩餘資金比較充裕，細心的人還會拿出大部分積蓄從事投資。聰明的投資者對良性負債的控制非常到位。

第四步：閒置資金從事理性的投資。

理性投資指的是「投資人了解所欲投資標的的內涵與其合理報酬後，所進行的投資行為」。強調理性投資的重要性是因為非理性的投資可能會造成嚴重的後果。

第五步：學習理財投資。

您可能想到把閒置資金交給專家才最妥當？相當好！讓專家為您理財非常正確。交給之前還有一個問題要考慮，這個專家能夠把您的

資金的利潤實現最大化，是否能夠確保資金的安全性。如果對這些事情還沒有充足的信心，何不讓自己精通理財。

西方著名的經濟學家萊斯特‧梭羅（Lester C. Thurow）說：「懂得用知識的人最富有。」本世紀貧富差距的重要因素就是能否掌握先進的知識和技術。因此，無論你的理財是否交給理財專家，自己應該還是多熟悉一些理財的專業知識，因為這些知識可以帶領您走出一些投資盲點，避免您辛辛苦苦存下的錢因為投資失誤造成血本無歸。

第六步：有一個完整的理財計畫和收益目標。

理財計畫的設定應該是有數字規範的，目標的成功是在您的能力範圍內的。說得通俗一些，就是請您做一下每月餘額的預算，要選擇自己的投資收益率，多長時間可以完成目標。因此，建議您做投資的第一份計畫應該寬泛一些，設定的時間段不應該太短，至少達到兩年。當第一個計畫得以實現的時候，就可以制定一個難度比較大、花費時間更長一些的計畫目標。

第七步：投資習慣的培養。

理財的實現要求是成為日常生活的一部分，如果不把作為一種習慣進行培養很可能造成計畫的中斷。俗話說萬事開頭難。一般情況下的目標的最初設定，只是因為自己的頭腦一熱，希望在最短時間裡實現利潤的最大化，馬上改變個人的經濟狀況。但他們會忽視一點：初期理財的成效，是不可能立馬見效的。經過一段時間的過渡，對理財的熱情遠遠低於目標設定的初期，在認知上產生偏差，導致原來的目標很難得以實行，也喪失了一次個人成功的機會。

第八步：有規律的檢查。

不管做什麼事，懂得經濟學的人都考慮在事前、事中、事後的觀

察和策略。由於這些指導的施行，才可能保證理財計畫按照預計的軌
跡前進；如果不是，在最短時間內發現，及時作出調整。投資理財是
關乎家庭生計的大事，不可疏忽大意。

　　設定理財目標，將計畫分步驟進行，就是投資前的控制。做到
花的每筆錢都有帳可查就是對理財運行中的控制。經由你每一次的
記錄，就可以明細每一筆錢的運行情況。事後的控制是指一段時間
的理財計畫完成後做一個記錄總結，也是下一個投資規劃的有價值
的參考。

｜投資問答｜

問：專家您好，投資計畫設定的週期有什麼不同的地方，我總覺得過
　　長的計畫難以實現，做一些眼前的計畫還是比較符合實際需求，
　　應該怎樣做好短期目標的計畫呢？

答：提到目標的設定問題其實很簡單。什麼樣的時間比較合理，其實
　　也是因人而異的。性格的不同，週期目標的選擇也不同。你提到
　　要做一些短週期的計畫也未嘗不可。短期目標的準確性比較弱，
　　但靈活性比較強。設定短期目標的基礎是思維明確，單個目標的
　　單個收益。

　　短期目標的計畫的利潤預期不應該過高，因為過高的收益在短期
　　內是無法完成的，而且風險比較大。短期目標其實也可以分步進
　　行，幾個短的收益組合也可以組成一個長的投資計畫，方向更加
　　明確，可控制性更強。

分清理財與投資的區別

「你不理財，財不理你」已經成為了一句名言。業內人士曾經這樣說過：「理財是每個人都必須要做的，而投資則是在理好財的基礎（有閒置資金）上再做的。你如果不先理財，你就不可能有機會有資金去做投資。」

在現實生活中，即使你有心理財，資金也未必流到你的口袋，如果沒有一個具體的計畫，可能很難讓你的資金增加，還有可能損失本金。投資專家建議，請區分投資合理的不同之處。

1. 投資與理財概念不同

相關專家指出，投資是投資者（包括個人或企業團體）投入一定數額的資金而期望在未來獲得報酬收益，是把貨幣轉化為資本的過程。投資和收益的風險是成正比的。

而理財是個人調節資金使用的方式。是可以控制現金流量和現金風險管理的模式，而不是因為資金問題而催發的計畫。換句話說，理財實際上是個人為自己設定了一個財務上的規範。理財關注的是資金的管理即每一個時間段甚至長達幾年的資金管理，因為我們出生之後每一時間段都有資金的流出，也可以透過賺錢使資金流入。因此無論你的資金是多是少，我們每一個人都需要進行資金規劃。理財比較偏重的是風險管理。因為對未來預期讓資金的流量具有不確定性，其中的風險因素包括人身風險、財產風險與市場風險，這些風險都會導致我們個人資金量的增加或者是減少。

「理財是每個人都必須要做的，而投資則是在理好財的基礎（有閒置資金）上再做的。」理財專家表示。

2. 投資理財不是「投機」

很多人一說到理財投資，就認為是去大賺一把，甚至抱著賭一把的心態。業內的專家介紹說，投資者做不到冷靜的分析思考，就會被一些虛假的高報酬的廣告所誘惑，進入投資的陷阱，錢可能沒有增加，還有可能虧損不少，有的虛假投資可能造成血本無歸，把投資者逼到絕路上，其後果不堪設想。

投資者做理財之前，應該明白減少支出增加收入是一個比較好的運行模式。在自己日常生活安排比較合理的情況下，再把那些用不上的閒置資金，或者是一些額外的盈餘資金進行投資，在做投資之初，應該有一個深入仔細的調查研究，不能片面看事情，不要對不熟悉的廣告高報酬率的承諾所打動。事實上，著名的美國「股神」巴菲特也不會做出很高的許諾，他親自管理的基金年報酬率也不過 20% 而已。

3. 不熟悉股市不要輕易入市

很多的投資者沒有計畫好日常的開銷，就把自己全部資金投入到股市上，希望在股市當中大撈一把，還有的人甚至貸款炒股，希望在股市能夠大賺一筆，把股市作為一種致富的方式，美其名日是「投資」。

很多人很清楚股市的風險大，需要謹慎的選擇入市。但是幾乎沒有人能真正去思考股市的風險到底來源於何處，如何避免風險。在普通投資者還沒有找到很好的規避方法的時候，沒有專業的人員進行指導，最好不要去涉足這一高風險領域。

特別注意，在股市操作的資金最好是閒置資金，並且以良好的投資心態去操作，不能孤注一擲。最好先了解一下股市的基本行情，然

後再做資金的合理分配，當股市出現向上回轉的時候有規律有計畫的進入，給自己設定一個停利點，切莫追求更高風險的收益。

4. 少閱讀股市的評論書籍

在這幾年裡，一些關於資本運作的書籍不斷出版，好學的投資者也樂於購買一些投資理財的書進行學習，認為從中可以發現發財的訣竅，業內人士表示其實這種投資理財的書籍並不可靠。投資的規律很簡單：但是不會出現萬能的理財書籍，由於每個人的情況不同，只觀文字按照教條可能使投資者產生困惑。專家表示：「書上得來終覺淺，讀書破萬卷，不如你自己去嘗試或者向有經驗有操作能力的人士諮詢，實踐是學習的最好老師。」

投資問答

問：請問專家，我們如何在投資與理財中選擇，是否只能選擇其一？

答：作為普通大眾，我們的風險承受能力有限，我建議主要以家庭理財為主，做一個低風險、收益穩健的投資計畫，這樣會有效的增加民眾的收入，不建議做高風險的投資項目。這一點很明確，尤其是年紀偏大的民眾，不要輕信高收益低風險的廣告。

當然了，有條件的民眾也可以進行投資活動。前提是利用手中的閒置資金，投資計畫不會對正常的生活有所影響，還要在投資之前向專家諮詢。

價值規律與投資

「反者道之動，弱者道之用」，這句名言可能是老子為投資者留下的最有價值的一句話。這句話闡明了價值規律的真諦。在資本市場

中，我們所講到的價值規律運動的軌跡有「大、逝、遠、反」四個特徵，即價值規律無可避免，無論是市場上的運作還是政策的導向，都不由自主的受到它的影響，跟隨價值規律，就會產生事半功倍的效果，不按照價值規律進行，必然會受到損失。

價值規律的表現形式就是在不斷的運動中，透過價格的波動變化，透過各種現象、動態透露出來，有比較合理的現象，也有比較不合理的現象；價值規律的使用形式非常廣泛，只有抓住規律，發揮規律的特性，當市場到達最高峰，才會出現「反」方向的運行。只有國際資本、國家資本、機構資本和民眾資本四方力量作用力的平衡狀態在某種外力作用下被打破時，出現新的作用力，相反的行情才會出現。

《老子》說，世間有形而最柔弱的就是水了，水卻能夠克制最堅硬的東西。這種圓通變化的思想如果運用在資本市場上，依據價值規律進行投資，就能透過順勢而為達到目標。為此，投資者應該按照這三種規律進行投資：

首先，謙卑不驕傲，用謙卑的態度面對市場動態，達成投資目標。只有謙卑的人，才能發現與其內心相同的潛力股，因為物以類聚，人以群分，人的品德如何，就會挑選什麼樣的公司股票投資。

第二，利用「不爭之德」，獲利之後馬上離場。「不爭之德」在資本市場的表現，就是在股票價格出現背離泡沫湧現的時候，投資者不會繼續持有股票，而是見好就收拋出持有的股票，去市場尋找那些業績突出、被市場低估的潛力股票進行投資。

最後，達到上善若水的心境，雖然已經獲取利潤，也不可居功自傲，而是根據正常思維的變化，跟隨市場的動態而選擇，占據最安全

最洞察的位置。

如此說來，國家對民眾施行的政策應該柔和，而不能強硬，民眾如果對政策的認識不夠，要做好說服疏導工作。雖然民眾配合、響應政策的號召，一般也是按部就班的推行。即使很符合價值規律，如果強制的執行，可能會有利於國家的建設，可能也不會使民眾信服，因此必須掌握推行的火候。惠民的政策，都是很善意的，民眾自然也會積極回應。

對於投資者追尋規律的首要條件，要想做到完美的實現投資目標，還應該做以下修養：

第一：當環境不適宜發展的時候應該順應規律，不能做出抵抗。

透過時間的組合不同達到空間功能的效力最大，即伺機而動，不是逆流而上，利用「弱者道之用」的思想，保持低調而順規律而行，尋找把握最佳的投資時機。

第二：能夠有一個情景模擬的能力。

透過對情景的假設，謀劃並設計以後可能出現的方案，減少麻煩，順時而變，適時出手。

第三：不僅要為家庭做好保險投資和基礎保障，防止一系列非人為因素而產生對家庭的衝擊，投資過程中更要做好風險的轉嫁。

為家人買好一些保險與社會保障，這是保障家庭的第一要求。在投資過程中，也應當防患於未然做好停損工作，方法可以是透過金融衍生品的對沖交易，防止單層面的打擊，最好保證預期收益能夠得以實現。

| 投資問答 |

問：請問專家，價值規律的具體表現是什麼樣的，它對市場影響有多

大，我們怎樣掌握這個規律？

答：價值規律指的是商品的價格圍繞價值上下波動，這個簡單的現象被稱之為價值規律。價值規律的本質核心是商品的內在價值。比如說股市上的股票價格，它的價格形成也是受到紅利分成的影響而變化，每股份多少紅利，就表明股票的內在價值的派發能力。掌握價值規律的關鍵就是看價值的內在程度，供需只是其中影響因素之一。我們核算股票的內在價格應該從公司的營運實力考慮，自然就能發現其中的不同之處。作為投資者，能夠跟隨趨勢把握趨勢一定會有所收穫。

一生的理財規劃與生命週期

曾經有人說過，人生就好比是一年的四季，給我們呈現了一個完美的生命週期。雖說「錢財乃是身外之物」，但人們經歷的每一個階段都需要花費金錢。

在人生的不同階段，我們所做出的理財設想、理財目標、理財心境都是有所區別的。心中明白這幾點，我們「照本宣科」，到資本市場上去尋找符合自己標準的理財方式和品種就可以達到自己的目標。由此可知，理財應該有一個長遠的打算，仔細的安排未來。

生命週期的財務規劃：破解個人財富的「斯芬克斯之謎」

希臘神話中，人面獅身獸斯芬克斯會問經過的人：「早上四隻腳，中午兩隻腳，晚上三隻腳，這是什麼動物？」而在底比斯王子伊底帕斯出現之前，那些沒有答對的人就被吃掉或扔下山崖。

斯芬克斯之謎闡述了人類各個生命週期呈現出的各種不同的狀

態，事實上，因為所處環境的不同也導致每個人的財務狀態不同，青年人、中年人和老年人的收入狀況和消費的標準差異很大，陸陸續續的問題是，怎樣規劃好人生的財務呢？

從總體經濟學角度看，人的生命歷程可以視為一個人力資本轉化為金融資本的過程，雖然每個人的境況不同，生命週期的軌跡都是從青年時期、成家立業時期、中年時期和退休時期這幾個階段組成。

那麼我們就從進入社會初期階段說起，一直說到我們到退休的年齡。

比如說那些剛剛踏出大學校園的大學生，是 21 ～ 25 歲的未婚男女，薪資比較低，賺得永遠沒花得多，風險承受力較低，很少有適合的投資機會。對於他們來說，經常接觸到的金融業務也就是轉帳、匯款等，或者是信用卡的申請，也有助學貸款、消費品的購買等需求。

下一個階段，是 23 到 30 歲之間的未婚或者結婚未育人士，經過一段時間的累積，薪資收入開始逐漸增加，生活節奏也開始逐漸趨向平穩，這個年齡層的人風險承受能力提高，開始注重投資和理財的收益，具有強烈的資產增值願望，信用卡超預期的消費頻繁，各種貸款開始增多，比如說房屋貸款、購車貸款等。

在這個階段如果你能夠養成良好的投資習慣未嘗不是一件好事，比如 26 歲的人，每月節省出 3,000 元用於投資股票型基金，不考慮市場變動因素，他的年收益率若 7%，那麼到七十歲的時候，排除其他花費，你的資產額度可能已經達到數百萬元。

從工作穩定到成家立業時，經濟的支出和結餘，生活的消費上都趨於平穩，對人生的未來規劃也越來越明朗，這時候的人們通常面臨老人和孩子的雙重負擔，但是此時人們已經具有了較強的抗風險能

力，投資品種多樣化，這時會有安定下來的打算，將房子作為一種抗通膨的有利形勢，同時會考慮子女教育費用的支出，為他們的教育準備一個穩健的投資增值計畫，甚至會買一份關於教育基金類的理財產品。

下一個階段是人生的不惑之年，子女已經長大成人，家庭的發展已經比較成熟，自身的工作能力、經濟狀況都已經達到了人生的一定高度。這一階段的人們，一般的投資都會比較穩健，抗風險能力是最強的，但對風險的關注度也比較大，他們會參與外匯的對沖買賣，在銀行儲蓄和債券市場開始活動，或者也參與股票市場的交易，也可能發展不同的事業，此時的保險支出也逐漸加大，因為隨著年齡的增加，生命健康保險的費率也會增加。

每當人們步入退休的年齡往往開始享受人生的成果，大多數人會將自己存下的錢領出支付日常開銷，此時的人承受風險的能力逐漸降低，比較關注投資的風險程度，大多數採用保守型投資的方法理財。一般會將資產存入銀行做長期的儲蓄，投資的比重裡，債券的持有量可以增加一些，也可以選擇變現靈活的開放式基金，適宜風險相對較低的投資收益。

從生命的週期看，單從收益的報酬來講，做長期理財計畫的收益還是相當可觀的，按照經濟學界著名的「72原則」，如果你有8萬元，假設你投資的產品的年利率為6%，那麼大致9年，8萬元就會變成16萬元。

最後，我們要說的是，提早做生命週期不同階段的理財規劃是生活幸福的重要步驟。

問：請問專家，對於自己的子女，怎樣從小就替他們做好規劃？

答：很多家長都會考慮這個問題，可以先為孩子做一個教育基金的儲
　　蓄，因為孩子未來的發展方向具有不確定性，我們應該從理財、
　　保險、教育培訓等角度作出合理的安排。首先，為孩子投保一個
　　成長教育險是必須的，因為孩子對外界的風險應對比較薄弱，我
　　們為了防範風險，做一個預防是不可少的。如果不發生意外，本
　　金還會返回，其實這也是理財規劃的一種。

　　第二步是建立一個教育成長基金，應對孩子在教育方面的支出，
　　其特點是專款專用，避免拆東牆補西牆，做到及時有效的解決問
　　題。這也為孩子未來的事業奠定了一個基礎。只要做出提前的準
　　備就能夠避免孩子成長費用與家庭理財的衝突，有計畫有目標的
　　進行讓孩子能夠安心學習。

家庭理財的選擇

　　隨著經濟的發展，人民生活水準的提高，家庭理財方式的不斷變
化，理財投資已經成為了我們生活中比較關注的大事。家庭投資理財
的目標是防範風險並穩定投資收益，能夠達到資產保值、增值，能夠
抵禦社會經濟風險的目的。

1. 家庭理財規劃的重要性

　　家庭在選擇投資品種過程中，往往會考慮到資產的收益與風險
承受之間的比例，不同領域的投資方式的不同，計劃分配所投入的資
金量也就不同。經濟市場未開放之前，廣大群眾的唯一投資方式就是

把錢存入銀行，投資的概念在民眾的大腦中只是「存錢生利息」。今天的百姓不斷可以購買奢侈品，個人可以支配的資金數目更高達數萬元。新的投資產品逐漸會代替過去陳舊的投資模式。比如說興起的金融期貨、實物現貨等個人投資理財工具的不斷演變，就造成了現代人理財組合的多樣性。在眾多的理財產品的選擇中，能夠及時調整家庭利用資金的不合理，選擇自己適合的方式進行理性投資，這是個人理性投資市場的必然途徑。

2. 家庭可以投資的理財品種

A. 銀行存款。對於三十幾歲的民眾來說，存款仍然是一種非常不錯的理財方式。與其他投資方式比較，存款的優點是：存款的期限可以調整、存取自由、收益率穩定、安全性高。民眾決定進行儲蓄存款後，只需要對儲蓄的種類和期限作出選擇。民眾選擇的主要是做活期存款還是做定期存款，在定期存款的期限選擇上，是只存半年還是更長，這主要看民眾未來的結餘和支出情況，以及對未來出現更好的投資機會的把握。

B. 債券投資。債券的風險介於儲蓄和股票之間，而利潤較儲蓄利息高，風險小於股票，對於能夠支配較多的閒置資金、收入中等的家庭比較適合投入。債券具有期限固定、還本付息、可轉讓、收入穩定等特點，是風險承受能力不強的人比較易接受的選擇。

C. 股票投資。在一般的投資工具中，股票的報酬收益是比較高的工具之一，尤其是從長時間看，任何一種公開上市的投資工具的報酬都不可能比股票提供的報酬豐厚。股票是股份有限公司為籌集自有資本而發給股東的入股憑證，是代表股份資本所有權的證書和股東藉以取得股息和紅利的一種有價證券，股票的投資已經成為民眾投資生

活不可或缺的一部分。

D. 基金投資。很多人想把資金投入到股市中，但是因為不具備相關的知識無法選擇適合自己投資的股票，最明智的方法是委託投資專家做投資委託，最佳的方式就是選擇基金。投資基金是指透過信託、契約或公司的形式，透過發行基金證券，將眾多的、不確定的社會閒散資金募集起來，形成一定規模的信託資產，交由專門機構的專業人員按照資產組合原則進行分散投資，取得收益後按出資比例分享的一種投資工具。與其他投資工具相比，基金投資的優勢是專家管理、規模優勢、分散風險、收益可觀。家庭購買投資基金不僅風險小，也省時省事，是缺少時間和具有專業知識家庭投資者最佳的投資工具。

E. 期貨投資。期貨交易是指買賣雙方交付一定數量的保證金，透過交易所進行，在將來某一特定的時間和地點交割某一特定品質、規格的商品的標準化合約的交易形式。期貨交易分為商品期貨和金融期貨兩大類，對期貨交易的選擇要謹慎行事。

F. 保險投資。所謂保險，是指由保險公司按規定向投保人收取一定的保險費，建立專門的保險基金，採用契約形式，對投保人的意外損失和經濟保障需要提供經濟補償的一種方法。保險不僅是一種事前的準備和事後的補救手段，同時也是一種投資行為。投保人透過先期繳納的保險費也就是這項投資的初始投入；投保人取得了索賠權利之後，一旦災害事故發生或保障需要，可以從保險公司取得經濟補償，即「投資收益」；保險投資具有一定的風險，只有當災害或事故發生，造成經濟損失後才能取得經濟賠償，若保險期內沒有發生有關情況，則保險投資全部損失。

家庭投資保險的險種主要有家庭財產保險和人身保險。目前，各大保險公司推出的投資連結或分紅等品種，使得保險兼具投資和保障雙重功能。保險投資在家庭投資活動中不是最重要的，但卻是最必要的。

| 投資問答 |

問：請問專家，在眾多的家庭投資模式中，是選擇其中的一種還是進行多種選擇，個人投資者如何去選擇？

答：根據自己的實際情況還有風險承受能力不同，是選擇單一的投資方式還是多種方式組合的關鍵。投資的比例關係同時受到家庭成員的關係而有所不同。大致風險的承擔可以分成三種不同的類型。

第一種：對風險承受能力非常差的人群。這一類人不適宜風險過高的投資，可以選擇銀行儲蓄、國家債券等低風險的投資組合。

第二種；風險承受能力適中的人群。這一類人通常有一定的閒置資金，可以進行小份額的股票配置，購買一些投資基金，還可以做一些期貨的對沖。

第三種；有風險特殊偏好的人群。這一類人勇於冒險，同時給自己流出了足夠的資金作為日常開支。通常把一半資金投入股市，還有一部分做投資基金，少量的銀行儲蓄。

投資價值資訊的挖掘

戰場上有一句名言叫「知己知彼，百戰不殆」，其實投資市場上也適用於這句話。不管投資者是多麼的機敏，對投資知識多麼的熟

悉，如果資訊資源不充足，就如同聾子一樣。但是如果能充分整合資源，就會如虎添翼，投資的決策也就更高明。

現在有許多的投資機構為投資者都提供各個方面的投資資訊，資訊量的不斷增加，只有做一些資源整合才能發揮它們的作用。許多大的投資機構都在資訊的發掘和採集上花費了大量的人力、物力。不要以為只要他們才能做到這一點，其實我們個人也可以進行資源的整合，作為廣大的中小投資者來說，也可以進行相關資料的收集與利用，只要投資者能夠下工夫來整理調查，一定會獲益良多。普通的投資者在對資訊資源整合以後，應該對以下幾個方面的資訊進行分析：

1. 市場總體經濟的走向

只要是與投資有關的專案，在某種程度上都會受到經濟發展趨勢的影響。經濟發展週期出現的復甦、繁榮、蕭條、通貨膨脹以及的進出口貿易狀況等，基本上影響有價證券、貴金屬、匯率、房地產、基金等不同投資品種的價格走向。這些關於總體經濟發展的資訊，在全球著名的金融雜誌和金融頻道都會有及時詳細的報導。理性的投資人應該及時對這些關於經濟發展狀況的報導進行分析整合，能夠讓自己對總體經濟政策有一個清楚的概念，以使我們清楚的知道，每一種投資產品處於興旺還是處於衰落；什麼樣的投資產品在總體經濟的背景下會升值；哪一類產品比較有前景；什麼樣的產品會貶值或出現下跌的情況。投資者能夠熟悉的掌握這些資訊，投資一定會遊刃有餘。

2. 市場專家和專業投資機構的市場調查、報告

在熟悉總體經濟運行的趨勢以後，普通投資者就可以做一個市場未來走勢的判斷：市場上各類投資品種未來是趨於興盛還是處於低

谷。我們可以分析某種貴金屬的市場前景，還要對一些專業機構的市場報告進行分析和整合。進行資本市場的投資，搜集某種理財產品資訊，應該在以下方面做工作：

(1) 基金公司的報告

有價證券的投資也可以投資在各類基金上，投資基金的操作是由專業的基金經理完成的，投資基金的管理非常專業，基金管理人會一定期限內向基金持有人發布自己的研究投資報告。基金公司的投資雖然非常專業，大師投資者的收益並沒有增加，可能還會損失本金，但是基金公司公布的分析報告卻對資訊整合非常有幫助。透過對市場資料的理性研究來作為我們的有效資訊，它的價值就在於非常有利於我們投資決策的制訂。

(2) 財經類雜誌

雜誌報刊的股票市場特刊及理財知識的資訊包羅的內容很多，市場動態、國家政策、公司運行的狀況和股市大盤、外匯比例結構、國際黃金價格的近期動態都包含其中。同樣，這些人具備的專業知識面迥異，投資人在選擇過程中應該慎重，仔細發現其中有價值的資訊，一股腦的全部接受可能導致自己決策的失誤，進而造成不良損失。

(3) 投資機構的專業人士

金融機構中的專業人士其優勢在於專業和經驗豐富，他們對資訊靈通以外，對市場的走勢還會有專業研究。專業人士對未來經濟的看法，對於普通投資人來說作用也是非常大的，但不能排除有的人利用自己的身分散布虛假資訊，因此投資人也要對專業人員的可信度把好關。特別注意的是，現在的金融機構的從業人員也是魚龍混雜，投資人接收這些資訊時應該仔細分析，避免聽從虛假資訊造成損失。

(4) 柱狀圖和趨勢圖

在以前的資本市場上進行圖表分析讓人非常頭痛，因為那時候的價格走向圖需要人工繪製。在無紙化辦公的今天，可以直接從投資軟體和網路資訊中發現。借助圖表的分析，再加上各種資本市場應用的分析指標，投資人就會對未來的走勢有一個明確的認知。

如果投資者可以根據上述所說的制訂投資分析表，從總體經濟的走向和個別的投資品種動態中都會輕鬆獲得有價值的資訊。在投資市場上利用這些有效資訊，投資一定會事半功倍。這就是「工欲善其事，必先利其器」的道理。

｜投資問答｜

問：請問專家，因為現在傳播日益廣泛，許多電視台都推出了財經節目。我收看了很久，每個節目給出的市場走向都不同，對未來市場判斷各說其辭，因為我們對投資知識的薄弱，不知道誰說得比較正確，我們怎麼去合理的收集市場有效資訊？

答：您好，你提出的問題很常見，一些個別投資欄目不具備專業人員的水準，甚至請一些民間的投資人士進行市場分析。

對於那些有廣告嫌疑的投資節目，我們可以採取置之不理的態度。對他們推薦的股票要採取慎重的態度。無論是多麼著名的專家，他也無法準確的預測市場下一階段的行情，我們應該學習他們所說的專業知識，研究他們的市場判斷方法。

最後是資訊的整合，資訊整合最重要的是標注主要影響因素，排除市場的不存在風險，然後整合起來。這就是普通投資者對於投資價值分析的有力運用。

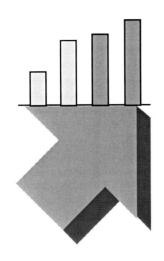

第 4 章 進場：
施展投資技巧

投資時機的把握與週期

世界上存在的任何事物都有其運動週期，資本市場也不能避免。從資本運作角度來分析，投資者可以從結構、市場環境、國家政策與個股的生命週期裡發現投資機會。

1. 從企業的週期把握投資契機

一個產業發展的狀態與其所處生命週期密不可分，比如說：工業革命以前，西方的馬車製造業非常興旺；然而到了今天，連交通製造業都已經到了產業週期中的穩定期了。這充分的表明，如果某個產業已經瀕臨倒閉，那麼其中的企業無論實力多麼雄厚、管理多麼完善，都不可避免走向衰落。同時應注意，產品的市場需求也影響著這個產業以後發展的空間，當產品數量降低的時候，短缺產品的產業最容易崛起新的亮點。

2. 從行情的生命週期確定投資方式

當資本市場逐漸出現曙光，股市的光明時代則慢慢到來。這時我們普通的投資者在有效控制風險的情況下，應調整面對市場的態度，發現適應環境新變化的理財技巧。投資者需要找到在未來股市發展過程中，有可能催發出來的投資黑馬和投資新類型，合理分配資金，選擇適當時機進入投資市場。

當大盤發展到上漲的持續期、股市呈現持續上揚的狀態時，投資者一方面應當在一定範圍內追高，一方面不要急於出手股票。選股的時候應該注重股票的板塊、資金的流入狀況、選擇的產業類型，要在那些強勢股和龍頭股中買入。

　　股票價格指數達到一定的高度，此時大盤雖然不斷的衝高，但是市場的熱情逐漸降低，買入付出的成本加大。投資風格比較穩健的投資者應適時的離開股市平倉出貨，防範投資的市場風險。股市一旦出現掉頭趨勢，說明股市已經快要見頂，投資者應該毫不猶豫賣出，及時出貨觀望。

3. 從焦點的生命週期確定投資時間

　　市場上出現的焦點也是有其發展週期的。當這個焦點剛剛萌發的時候，股票價格比較低，如果投資者能夠發現其潛在優勢，以較低的價格買入，同時就又被更多的投資者發現，形成趨勢，這時的獲利一定是非常可觀的。但是這時的股票也是最脆弱的，由於市場上風險的不確定性，有時增加了倉位，但是也不能保證收益，更不能確定其所在板塊和題材也會有良好業績。

　　最適合進入的時期是其發展的成長時期，這一時期股價上升比較平穩，受其他因素的影響比較小，因此也是獲利的最好階段。但是，在這個時期持股人長期等待也是非常矛盾的，因為這些投資者選擇的初衷是持有此股的收益是多少，如果已經達到了既定目標，就打算出倉獲利，這其實是對焦點投資的誤解。選擇焦點股票不應該只在乎以前股價上升到多少，關鍵是以後還能有多大的上升空間。而在研究判斷股票未來價格趨勢的時候，就必須了解其位置支撐的條件是什麼，焦點的含義就是公司未來的方向和公司基本面的運作，還要關注是否有支持其上行的關鍵理由 —— 題材。

4. 從個股的生命週期確定投資策略

　　個別股票也有其週期的發展延續，從它的萌芽階段到發展成熟，

到上行通道的終止，大致可以分成四個時期：萌芽期、發展期、成熟期、衰退期。由於個股所處的生命週期的不同階段，因此，股市的運作模式也不相同，所利用的投資模式也有一定的區別。

萌芽期，這一階段的個股雖然不會被廣大投資者認可，但會有不同的資金進入成為主力，但是這些主力建倉比較隱祕。這一時期投資者主要是尋找發展階段的亮點，尋找潛力比較大的股票。

成長期，個股在這個時期的運動特徵比較獨特，與大盤的走勢有差異，一般情況下是大盤普遍漲而這種個股表現平淡，而大盤大跌時這些股票非常堅挺。要把握進場的火候，在合理的價格建倉持股。

成熟期，這一階段的個股走勢，是多頭大於空頭而成交量平穩，股價依託大盤和均線不斷；但值得關注的是，成交量隨著價格的上升成交逐漸減少，資金的主力已經將這支股控制住。這一時期應該持股觀望不應再進倉，當股票的價格出現急速的拉升時，成交量突然增加，投資者應該逐漸減少倉位做出局的準備。

衰退期，這個時候股價會有進一步的提升，這時的股價比初時股價提高近兩倍。主力開始不斷的將股價賣出。為了順利的平倉出貨，主力資金甚至開始製造虛假資訊，引誘投資者高價接手。投資者在這一階段應該果斷賣出及時平倉。

投資問答

問：請問專家，我今年三十幾歲了，每個月有一定的結餘，最近朋友幫忙開了一個股票帳戶，我也想在炒股中獲利，我應該如何選擇績優股？

答：首先考慮你在股票上所投入的金額，還有是否定期投資。績優股最良好的特性就是走勢比較平穩，且在一定時間段的成長確實會

遠遠超過其他同類股票。

還有就是向專業人士請教，靈活運用進倉、加倉、平倉、減倉的股票技術。

掌握投資組合

什麼是投資組合？投資組合是指由投資人或金融機構所持有的股票、債券、衍生金融產品等組成的集合，目的在於分散風險。

投資組合的含義至少有兩個層次：第一層次是在股票、債券和現金等各類資產之間的組合，即如何在不同的資產當中分配比例；第二個層是債券與股票的組合，即在同一個資產等級中，選擇哪幾個品種的債券和哪幾個品種的股票，以及各自的權重是多少。

透過投資組合可以分散風險，即「不能把雞蛋放在一個籃子裡」。

劉先生夫妻二人都是八年級生，劉先生今年三十一歲，月收入45,000 元，妻子的收入基本也是這個水準，勞健保都有。每個月扣除各項支出後還能剩 25,000 元，去年年終總共 80,000 元，現在手裡有50 萬元閒錢。「不知道投資點什麼能保值，另外希望 5 年內再買一間套房，以及實現養老的目標。」

對此，我們建議：「劉先生夫妻處於家庭形成期，收入較穩定，投資風險承受能力較強，家庭結餘率較大。」

建議 1：混合組合投資實現買房計畫。

對於劉先生家庭的買房計畫，我們的建議是，在現在算起的第五年，購買約 500 萬元的三房一廳的新房。可以把手頭上的流動資金50 萬元投資「混合型基金占 60%＋債券型基金占 40%」的金融組合（年收益率約為 8%），則第五年，大概可以籌得頭期款。

對於養老目標，劉先生夫妻二人可以考慮每月定投 5,000 元於「混合型基金占 40%＋債券型基金占 60%」的投資組合（年收益率約為 6%），則二十五年後，劉先生夫妻可以得到一筆退休啟動金，再加上勞保、保險的那部分退休養老金，可助劉先生夫妻度過幸福的晚年時光。

從投資品種的角度來說，劉先生夫妻現在是三十幾歲，家庭收入不錯，風險承受程度較高，可以考慮把年終獎金 8 萬元投資到金融市場，現階段投資新能源、新材料、新技術，都是個不錯的選擇。

建議 2：可適當考慮投資績優股基金。

從目前的形勢來看，市場的資金面應該不會有明顯的改善，超大盤股票的上漲空間有限，而小盤股估值水準過高，市場反彈時漲幅難以擴大，所以投資中盤績優股收益性較高。

中盤績優股的業績成長穩定，對於投資者來說現在正是逢低買入階段，且中盤績優股市場下跌空間有限，主要風險是中小板和創業板的「擠泡沫」。所以現在是布局績優股的時機，劉先生家庭可以考慮投資這些中盤績優股股票或者布局這些股票的基金，布局跌入價值底部的二線績優股。

但需要提醒的是，在投資基金的時候要看清楚基金投資品種上是否覆蓋較多的品種，而並不是單單績優股，這樣可以較好的分散風險，而目前也有較高的收益率，並出現了保險等機構投資者大額申購的情況。劉先生可以參考這些大機構的投資做法。

｜投資問答｜

問：專家您好，我們是三口之家，我和妻子的年齡都是三十三歲，沒有房車貸壓力，家庭年收入 125 萬。閒置資金 250 萬。如何做

基金組合投資？

答：您好！根據您的情況，可參考「80/20」，這個定律是指股票、偏股基金等權益類投資，占總資產的合理比重，等於 80 減去年齡，再添上一個百分號（%）。比如：三十五歲適合用 45% 的資產投資股票，其風險在這個年齡層是可以接受的，而在五十歲時投資股票比例在 30% 為宜。

因此，根據你們的收入與年齡，投資偏股類基金的資金以不超過總資產的 45%～50% 為宜，具體投資比例需要看您的理財目標和風險偏好，建議選取長期業績穩健、風險控制能力較強的基金產品進行長期持有，其餘資產，可以投資於風險稍低的理財工具，如債券基金、銀行理財產品、保險產品等。另外，由於投資量較大，可考慮增加組合的投資品種，以優化組合收益能力。

看準市場

對於那些已經形成了自己完整的投資操作體系的人來說，可能遇見過這樣的情況：當一個非常難得的投資機會到來的時候，由於自己入局的時間太早，並且處在嚴重的深套的困境中。這種情況下，由於入局的提前導致持倉損失，乃至面對一個難得的投資機會，心理出現偏差不能正確的面對。本來是非常難得的獲利良機，因為心裡的調整不當，錯誤的減倉停損。

假如出現股票賣出以後又不斷上漲，準備加倉追漲時又因調整遭遇下跌。在各種媒體報端渲染黃金價格的歷史新低是最佳的投資機會，心情也隨著價格高漲，但出手的時機卻是歷史的高點。而在價格回檔的時候，又因為心中恐懼而致損賣出，往往這時的價格是價格

的底部。

這種情況在投資市場上經常出現，令很多投資者蒙受損失。只不過有經驗的投資者自己調節控制情緒的能力比較強，投資老手自我調節的能力更強，出現情緒失控的情況比較少。而沒有經驗的投資者因為抵受不住高額利潤的誘惑，跌入這些表面很華麗的投資陷阱。

有經驗的投資者不會出現投資觀念的問題，在關注行情的同時注意自我心態的調整；而缺乏投資經驗的投資者出現這種情況，基礎技術的薄弱，然後才是關鍵的問題。所以對那些沒有經驗的人來說，最先解決的應該是彌補技術經驗上的不足，至於投資的理念的提升是學習基礎技術以後的事。

所以對投資人而言，對投資理念的修養比投資技術的學習更加側重的人才能在長期投資中獲取收益！

對於那些在金融市場上行走多年的投資者來說，特別是可以把多空對沖交易做得輕車熟路的人來說，一定會發現市場中的短期波段性獲利的契機。但也讓他們頭疼的是，市場上形形色色的假消息陷阱更多。對那些對風險控制能力不強的投資人來說，即便看準了出手的時機，也不一定能使自己的投資帳戶增加多少盈餘，假如說一旦跌入那些投資陷阱，則所受的損失可能是致命性的。所以說市場中獲利的時機非常多也不可能讓你一夜暴富，可是市場中的經濟陷阱卻使人的投資一敗塗地。可見如何防範、控制投資市場的風險應該比發現市場上的機會還要重要。這也是股神巴菲特投資的三大祕訣：保本、保本、還是保本！

所以對那些經過市場無數風險，培養出自己完善的投資理念和投資技術的投資者來說，他們會掌控好獲利的機會，絕不會讓自己持

有的絕大多數股票去接觸市場上的隨機風險。對有經驗的保證金投資
人來說，正常情況下不會將自己控制的股票長時間面臨市場的隨機風
險。每日不斷的買進賣出，甚至不斷的調整倉位的投機者正常情況下
不可能在獲利豐厚的投資人範圍內。而那些總宣傳進行短線交易的市
場人士也是在傳播不正確的投資理念。

| 投資問答 |

問：專家您好，我想知道的是技術操縱與心態哪個比較重要？對於我
　　們這樣的投資者要經歷多長時間才能很好的調整心態？

答：您好，這個問題從下面幾點說明一下。

　　對於那些投資新手來說，掌握好的操作技巧遠比那些投資理念重
　　要，並不是說，新手就可以不注重投資理念的培養，恰恰相反，
　　其實投資理念是在學習操縱技巧的基礎上感悟出來的，但是新手
　　要把重點放在學習操作技巧上。而那些已經熟練掌握市場規律的
　　投資者有自己完善的投資理念，遠比熟練的掌握投資技巧重要多
　　了。這個時期應該更注重理念的培養。

　　而只學投資理念，而忽視技巧的重要性，這種也是不可取的。

出手要夠狠

　　即使是一位熟悉掌握投資技巧的投資者，每日不斷的殺進殺出，
獲得的收穫也不可能像長期累計投資那樣多。即便是一部效率非常高
飛速運轉的機器，也會因磨損而報廢。電腦全天不停的運轉會令使用
壽命減少，出現當機的狀況，更不用說我們感性思維強烈的人了。沒
有人可以辦到每天保持清醒理性的去思考市場，故操作的次數越多，

出錯的機率就越多，投資的損失程度也可能加大。那些提倡每日短線操作的人是在宣揚非常有害的投資理念。

　　喜歡快進快出的人士，基本上在投資市場無作為，而且對市場總體的走勢難以看清，缺乏對市場走勢的掌控能力。這種投機者不能正確的看待市場行情，在大行情下呈現病態。短線投機者在發掘投資的獲利機會時，因為報以美好的幻想，對市場的觀點夾雜個人的感情色彩，所以很多時候從主觀意識出發尋找市場機會卻往往發現都是市場的陷阱。最完美的機會則需要以一顆平常心態去等待，當然，你首先應具備審視與把握獲利機會的基本能力。

　　從市場需求變化中發現實業投資的訣竅也是年輕人迅速累積財富的唯一出路；鼓勵投資者應該參照自身具備的優勢尋找合適的創業契機；投資理財需要專心致志而不是三心二意。

　　「理財」這個觀念在某種情況下可以等同於「投資」的意思，並且不包含如何使資本達到最佳的優化配置的狀態，畢竟我們大多數人完全沒必要把本來數量不是很多的資金投入到不同的領域去。對於從專業角度講投資就不同了，對於普通大眾來說，不變通尋找致富的竅門，則難以獲得長期的安逸。

1. 不做「出頭鳥」，也不做「跟屁蟲」

　　正是明白這個道理，一位創業者決心「下海」後就做一些冷門的產業，當時考慮到，做的人少自然競爭壓力也小，沒競爭才可能使利潤擴大化。然而幾次的失敗事實卻告訴了他，不少新產業確實涉足的人很少，但是認知的程度也比較低。

　　經歷的多了，這位創業者逐漸的掌握了其中的門道：做「出頭鳥」萬萬行不通，盲目「跟隨多數」也是不可取的；選擇那些發展起來的、

已經有人獲得過利潤的產業，則是比較妥當合理的發展方向。

特別要注意一點，除非你對做生意很有天賦，要不然還是找那些涉足過的產業比較好。有的人比較精明，遇事冷靜，適合在生意場上博弈；有的人學理科出身思維敏捷，適合參與創新技術的產業。

2. 個人投資要專心

假如說在創業的途中，沒有能夠由始至終貫徹一條觀念，就不可能在事業上發展成功。有不少創業失敗的例子，究其原因，都是因為沒有走到最後，因為各種各樣的原因放棄了原來堅持的理想。

許多人都知道，做資本運作的前期風險非常大，前期的計畫不充分都可能滿盤皆輸。所以在進行投資的過程中必須要做到專心，而且要有狠勁，自己認為合理的，在現實中行得通的就可以堅持。

| 投資問答 |

問：請問專家，作為投資的新手，我們也希望能夠找一些投資的捷徑，但是現在涉足的領域不是太深，我是否可以重新選擇？

答：這位朋友您好，尋找投資捷徑的方法是多樣性的，最保險的方式就是涉足自己熟悉的領域，甚至是自己感興趣的產業。捷徑的關鍵在於時間的問題，所以最好是把時間放在那些有人投入過，並且有良好的收益的項目上。不要太過滯後，那些夕陽產業也是不可取的，因為其本身已經舉步維艱了。如果再介入的話，對同產業是一個不小的競爭，也會讓自己陷入困境。

你適合什麼投資組合？

不同年齡層的人對於理財所要達到的目的不同。我們透過對不同

年齡層的分析找到適合自己的理財方式。

1. 年輕人應培養節約的習慣

不同年齡層的人，生活的水準不一樣，個人的心態不一樣，選擇的投資種類自然也是有區別的。有經驗的理財專家都會這樣告訴每一個投資者，適合自己的才是最好的，千萬不能看別人賺錢了就去做，而不考慮自己的情況。

新鮮人剛步入社會不久，收入一般不會太高，擁有的閒置資金不多，尤其是有買房、居住的消費，他們一般會把賺錢作為最重要的事來做。所以最重要的還是節約資金減少開支。需要將賺錢放在後一位。盡量拉開花費與收入之間的差距，嚴格控制自己的消費支出，尤其應該分清楚應該花的錢和沒有必要花的錢。

2. 中年人可以適量的投入資本市場

比那些剛剛步入社會的新鮮人來說，結婚之後有一定的經濟基礎和儲蓄的中年人，可以降低儲蓄、國債等資金分配的數額，將目光放到報酬率高的資本市場當中。建議增加基金和股票的份額，中年人的風險承受能力比較強，可以投入風險高一點的產業。

中年人的存款基本上屬於閒置資金，可以嘗試在資本市場的投資，如股票、基金。注意倉位的控制程度，投入的資金量應該在三分之一到二分之一之間，像債券類的銀行理財產品可以控制的少一些，剩餘的資金作為流轉資金。可以投資在那些流動性比較好的短期理財產品上。或者可以找有關的專家進行分析，選擇最適合自己的投資組合。

3. 老年人，平穩的理財

　　對於老年人群來講，資金的安全是理財最最關鍵的。因為他們失去了繼續賺錢的能力，對於他們來說，養老才是最關鍵的問題。

　　在確保資金安全的情況下，也可以做一些資金的投資組合。歷史資料顯示，CPI 通膨率有明顯的上升趨勢。如按照這樣，老年人群在做投資理財組合時，應該保證資金的收益成長率大於物價通膨率，但是老年人在做儲蓄和國債的時候，在資金配置過程中應該合理分配，也可以拿出一小部分資金做收益率較高的理財品種，比如說股票和基金，這樣能夠增加老年人的收益機會。特別應該注意的是投入的資金額不應太大，老年人切忌將那些高風險的投資品種作為主要的獲取收益的方式，這樣的做法不利於老年人的身心健康。

　　除此以外，老年人群可以根據自身風險承受的情況，合理的選擇那些銀行推出的信託基金，這些產品從目前市場的狀況來看可信度還是比較高的。特別注意的是，老年人群對基金定投進行反向操作也是不錯的。

| 投資問答 |

問：專家您好，我的年齡層正處於三十到四十之間，有一定數量的資金可以進行投資，什麼樣的方式比較適合我？

答：這位朋友您好，處於這個年齡層的人有一定數量的資金閒置，但是數額不會太大，由於生活的風險不一樣，所以應該選擇那些流通性強的產品，換句話說就是把獲利放在後一位。我建議你做一些基金定投，它的優點就是容易贖回，而且收益率要比債券、銀行儲蓄高。最重要的是不用花太多的精力去關注它的漲跌幅，應對外來風險時，還可以及時兌成現金。

懂得逆向思考，先贏一半

在前幾年裡，大家可能聽到過一個關於看腳踏車老太太賺錢的故事。

事情是這樣的，某證券營業大廳炒股的股民幾乎沒有不賠錢的，讓人感到詫異的是在營業大廳前面看腳踏車的老太太卻賺了不少錢，於是就有很多人向老太太請教炒股的訣竅，她這樣說：「門口的腳踏車就是炒股的風向指標，腳踏車在營業門市前面出現的少，就說明股市不景氣了，這個時候我就買入股票；一旦營業廳前面的腳踏車多了，每個人都搶著買股票的時候我就賣出股票。」

這個故事講了一個在股市利用逆向思維賺錢的例子。事實上，這位老太太的方法就是反其道而行。現在的投資管道越來越多，隨之而來操作風險也越來越多，合理的利用逆向思維做投資理財，必定會有所收穫。

1. 捨棄安穩而尋求機會

目前民眾的主要投資管道還是以銀行儲蓄為主，儲蓄仍然是民眾理財的主管道。它雖然具有風險低、穩定性高的特點，但是相較於當下不斷變化的 CPI 指數，存款在這「負利率」的情況下，明顯是不划算的。如此低的收益率在高物價水準下貨幣的貶值是顯而易見的。因此，一些對新生事物感興趣的青年人、中年人不如拋棄傳統的銀行儲蓄這種保守的理財方式，去考慮有一定風險的、能夠獲得較高收益的投資方式。除了投資股票、炒黃金、炒期貨、投資房產、購買房產等投資方式以外，在銀行就可以辦理開放式基金、外匯買賣、分紅的定投基金等好幾個品種，銀行和投資服務機構還推出了保證盈

利的投資產品，這些投資產品的收益率綜合起來就會遠高於那些銀行的儲蓄利率。還有值得關注的是，近年來金銀幣的投資市場的走向也比較良好，作為防通膨的重要工具，也備受投資者的關注，透過對貴金屬市場的了解，也可以恰當的時間介入，在一個合理的價格賣出獲得收益。

2. 真理掌握在少數人手裡，不走平常路

經濟市場上出現的「從眾效應」不勝枚舉，看到別人做什麼投資項目，不管自己是否對其有正確的認知，一股腦的進入，全民都投入到投資的熱情當中。比如說某家投資公司向大眾推出了高額利潤的集資業務，雖然沒有辦理公開的發售，但其高額的利率讓人眼紅，並且不少人已經獲得了報酬，透過不斷渲染，大眾趨之若鶩的去辦理，然而：這種高額利息的集資行為並不合法，甚至沒有人去調查這個公司的具體業務是什麼。這樣的向別人看齊，蒙受損失的範圍比較大，一旦公司無法兌現利潤，投資者就會虧損。而有的人能夠獨闢蹊徑在投資方面持不同的見解，能發現那些真正有潛力而並未被發掘的投資方式。比如說都在炒作，而有的人卻在開放式基金上看出優勢，在別人還沒去發掘其優勢的條件下去買入，獲得的利潤不一定比投資公司許諾的要少。但是前提是有自己獨到的見解。

學會不隨波逐流、堅持自己正確的投資觀念。當獲利機會來到的時候，注意把握分寸，找出最有利的時機進行操作。

3. 分擔資金與集中一點

在股市上虧損的投資者深信「不把雞蛋放在一個籃子裡」這句經濟學名言，其確實能夠達到分散和降低風險的目的，但是投資者一味

的將資金分散開來，其獲利的程度會大大降低。

舉一個例子：

老王和老趙的投資風格都比較穩健，但老王是按照投資分散的方式投資，對投資方式的涉獵非常廣泛，有一朋友以高額的利息向他借錢，他雖然知道風險比較大，但又怕失去這個獲利的機會，他就按照分散投資風險的原則借了五萬元給這個朋友，雖然它降低了了風險，可是因為朋友的投資破產了，這五萬元也就徹底的虧損了。儘管他在其他方面有所獲利，可是算下來這一年的收益卻為零。

老趙發現國家開始發行一種國債，這種國債的優點在於風險低，沒有利息稅，在臨時領取的時候可以把錢按照利息取出來。看到這個優勢，他將自己所有的積蓄投入到國債上面。老趙在享受投資帶來的收益時，其所承擔的風險卻非常的低。可想而知，穩健的投資者做「孤注一擲」時，已經知道了預期收益的安全性。

4. 會花錢才會賺錢，節儉不一定有收穫

《伊索寓言》中有一個關於吝嗇的富翁的故事：一位富翁將自己所有的金子藏在床底下，每週把金子拿出來看一看以感到快樂，但是這個祕密被小偷發現了，金子被偷了，從此富翁鬱鬱寡歡，生不如死。鄰居們來看望他，對事情經過了詢問：你從來沒花過這裡面一分錢吧？他回答：我每週會把它拿出來看看。鄰居勸慰他，你不去花掉它，它的存在還有價值嗎？

在當下，也有像富翁這種人，我們為什為理財，還不是因為想提高自己以及家人的生活水準，如果現代人和這位富翁一樣，把錢握得死死的，不去投資消費，可能它的收益率很高，餘下的錢更多也不能算是合理的規劃資本。所以我們在做投資理財的時候，應該把消費

放進去，在能夠完善家庭支出的情況下，應該加大對子女教育、戶外旅遊、教育學習等方面的消費，只有把生活品質提高上去，才能安心投資。

| 投資問答 |

問：專家您好，前面的幾個章節都表明了分散投資組合的優勢，而現在又闡述關於分散投資的弊端，那我們在投資過程中，應該側重哪種方法呢？

答：在選擇投資模式上，我們應該更加注重自身的修養。認清自己的投資風格，穩健的人不防「孤注一擲」，而那些做事比較魯莽的人應該對市場了解一下，學會把風險進行分散，保證合理的穩定性是最重要的。

在這一節中介紹的逆向思維，其實就是讓我們有自己的觀點看法，在相同之處看到不同的點，把握好每一次的機會，發散思維，有時候的奇思妙想也可以成為你的投資機會。特別注意的是，在投資市場上良好的投資理念，必須符合市場的走勢。

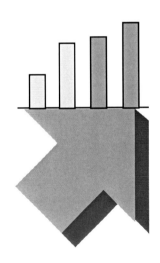

第 5 章 儲蓄：
最常見的投資也不可輕忽

儲蓄調查

在日常生活中，我們在銀行辦理存取款業務以後，你是否核對過單據？不要以為銀行總是正確的，俗話說的好「百密一疏」，銀行的業務人員也可能會出錯。

有這麼一天，陳某到市區的一個銀行去存錢。陳某在業務辦理櫃檯放入了 20,000 元現金進行儲蓄，銀行櫃員接過錢，用點鈔機核對，點鈔機正確的顯示是 20,000 元，銀行的業務人員向陳某又複述了一遍「20,000 元」。隨後，業務員拿出一張存款單讓陳某在上面簽字，陳某沒有仔細的過目就簽上了名字。不一會，業務人員把存摺也遞了出來。

回到家裡以後，陳某的妻子范某拿過存摺檢查，總覺得不對勁，范某又仔細的核對了一遍，發現存在存摺上的數目是 2,000 元。

陳某立即返回銀行，業務人員仔細的核對過存摺和帳單以後，又重新的遞出一份存款單讓陳某簽字，並把 18,000 元匯款在陳某的帳戶，還向陳某道了歉。

在這件事情上，陳某還是比較幸運的。他能夠及時的發現錯誤，錢沒有受到損失。雖然說銀行下班以後都會整理帳目，如果有超出的金額，會進行查詢。假如儲戶沒有及時發現，銀行也沒有發現，多餘的款項就會被長期款處理。所以說，民眾在存取現金的時候，應該仔細的核對存款單、存摺等，取款時應該仔細點清數額，沒有紕漏以後再離開櫃檯。如果儲戶發現數額不對，可以到銀行進行查詢，根據當地銀行的規定進行補償。

│ 投資問答 │

問：請問專家，如果是銀行的業務人員打錯了存款單據，我所要出錯
　　的存款單，他卻沒有給我，業務員的做法有錯嗎？

答：一般情況下，取款憑證應該在取款人核對姓名、取款金額在沒有
　　錯誤的情況才能簽字。比如說你在有錯誤的但是還沒有列印的單
　　據上簽了字，然後又發現了錯誤，那麼，你這個業務可以沖銷重
　　做，可以重新列印取款單，然後讓你確認簽字。有錯誤的那張取
　　款憑證和充帳憑證將作為正確取款單的附件，有專門的審核人員
　　進行審核。你只需看存摺上的登記有無錯誤就可以了。

哪些儲蓄風險需防範

　　在日常生活中，儲蓄是一種最穩健的理財方式，沒有人會認為
儲蓄存在風險。但是事實上，儲蓄作為投資的一種方式，儲蓄的風險
也是存在的，儲蓄在投資領域的風險最小而已，所以經常被人們所忽
略。儲蓄的風險與其他種類投資風險有所不同，它的風險存在於不能
獲得預期的儲蓄利息收入上，還有就是通貨膨脹造成貨幣的貶值。

利息收入可能遭受損失

　　不能獲得預期的儲蓄利息收入的原因主要是在這兩個方面，一是
存款的提前領取或者是過期未取；二就是儲蓄的類別選擇不當。

　　按照銀行儲蓄的有關規定，定期存款存期內無論利率如何調整，
存款到期一律按存入當天的利率標準計算利息；如果把銀行存款提前
領取，利息將按照取款時當天的活期利息進行支付。換句話說，如果
把錢存入銀行以後，銀行的固定存款利息調高了，或者還沒有到取款

日期，但是急需用錢想盡快把錢領出來，利息的損失就是必然的。還要講的是，如果定期儲蓄到期以後還沒有取出，如果沒有登記到期轉存，未領取的銀行存款按照到期日的活期存款進行計算，利息損失將會非常大。

還有就是，儲蓄的種類沒有做出正確的選擇導致利息的損失，選擇存款儲蓄的時候應該特別注意按照自身的情況進行儲蓄。比如說，有一些儲戶總認為做儲蓄組合太麻煩，為了領取方便，把大量的資金開辦一個活期存款帳戶，覺得可以輕鬆的領取還可以持卡消費。可能在短時間的情況下沒有影響，但是應該注意的是，活期存款的利率很低，現在的年利率只有 0.50%，可以看出的是利息的損失不是很小。

我們怎樣才能保證利息收益減少利息損失？

首先，要學會分析當下的經濟走勢。利率的升降與經濟的發展關係密不可分，在日常生活中應該多關注一下經濟新聞對利率的判斷很有幫助。比如說現在的利率水準比較高，經濟新聞也沒有關於利率問題的報導，那麼，銀行在未來一段時間提升利率的可能性就不大，在這個時候的存款利息可以定長一點；如果經濟形勢有變化，就可以把存款時間定短一點。

還有，選擇適合自己的儲蓄類型。我們可以預見的是，種類不同期限不同，它的利率也是不相同的，期限比較長，利率水準也就越高。但是不考慮自己的情況而選擇長期的儲蓄，如果未來需要用錢，利息的損失將會非常大。所以說，在選擇儲蓄種類的時候，要根據自身的情況選擇儲蓄的時間，防止提前領取造成利息損失。

第三，如果有事情需要領取一部分的時候，可辦理部分提前領取，沒有提取的存款還可按原存款單的存入日期、利率、到期日計算

利息。這樣做就減少了利息損失。但是，根據銀行條例的規定，只有定期儲蓄存款可以進行部分提前領取的業務，其他的品種無法辦理這項業務。

第四，辦理存款單質借貸款。除了辦理部分領取業務以外，定期存款還可以作抵押貸款，這種貸款是指借款人以貸款銀行簽發的未到期的個人外幣定期儲蓄存款單（也有銀行辦理與本行簽訂有保證承諾協定的其他金融機構開具的存款單的抵押貸款）作為質押，從貸款銀行取得一訂金額貸款，並按期歸還貸款本息的一種信用業務。

通貨膨脹的儲蓄損失

這種儲蓄風險一般會發生在比較嚴重的通貨膨脹時期，國家為了維護儲戶的利益，採取必要的方法，把利息提高到與物價漲幅同等的水準。

在出現嚴重的通貨膨脹的時候，利息想要領先通貨膨脹率是非常不實際的。對於年輕人來說，做儲蓄理財時應盡量防通膨，把儲蓄的損失降到最低的水準。

首先，不要隨便將利息取出來。如果沒有特別好的投資項目，不要把已經存入銀行很久的存款取出來。雖然物價在不斷上漲，但是銀行還是會支付利息給儲戶如果把錢領出來早到的損失就是連利息也沒有了。

還有就是，做不同投資項目的收益大小的比較。即使發現高利潤的投資機會，也不可以立即把錢領出來，進行投資。這時應該做的就是利息存款與投資專案的收益進行比較，再進行投資方式的選擇，以免得不償失。

第三，要認真對待到期的存款。在發生通膨時，對於已經到期的

定期存款，一定要根據存款的利息收益率以及未來的利息走勢，再結合自身的實際情況進行選擇。年輕人特別要考慮自身的條件以及承受風險的能力。

如果當前的利率水準價高，未來利息可能會下調，可以選擇繼續轉存為定期，因為利息收入是按照存款的日期計算的，在利率水準較高可能會下調的情況下，存入較長期的存款就預計會獲得較高的利息收益。另一方面，如果你的利息水準比較低的話，未來利率可能會上升，到期的存款可以進行其他收益較高的理財產品；或者尋找期限較短的儲蓄，等待利息的上調。

第四，做實物投資。房地產、黃金這樣的產品有利於保值增值。紙幣的貶值是非常大的，但是實物貶值的機率非常小。投資實物也是不錯的選擇。

│ 投資問答 │

問：請問專家，在聽完電視專家對未來利率的判斷以後，我們應該怎麼做？

答：利率的合理預測是非常重要的。例如：當預測利率要走低時，可以在存期上選擇存長期，這樣即使利率開始走低，也能保證您的存款在未來一段時間內的高利率空間；同樣的道理，如果預測利率要走高時，就應在存期上選擇短期，這樣可以最大限度的減少提前領取轉存時導致的利息損失。

儲蓄的重要性及其種類

對於大多數人來說，銀行儲蓄已經成為了人們生活中的一部分。

儲蓄不光讓個人的財富得以增加，而且讓一個人有了生活的方向感和穩定性，並為社會累積了財富。銀行儲蓄已經成為了民眾最為普通的理財方式，同時也是有利於國家建設的好事。

銀行儲蓄可以規範人的消費行為，養成有計畫的分配資金的習慣，一個儲蓄計畫可以讓我們將資金有規律的存入相同的錢，有助於培養良好的消費習慣，有條理，有目標的安排自己的收入和支出。在個人收入不變的情況下，盡量減少那些不必要的開支以及消費品的使用。

民眾儲蓄有利於國家，同時也有利於個人，一般情況下，人們把手裡的錢安排到日常的生活以後，多少都會有一部分錢剩餘下來。假如民眾把這部分資金存到銀行裡，銀行會把這些資金貸給那些需要投資的企業和個人手裡，能讓企業和個人獲得充裕的資金進行投資和建設，推動整個的經濟發展，另一方面，當消費品價格出現上漲時，人們可以把閒置資金存入銀行，這個時候，銀行也會提高利率，那麼國家的政策就減少了民眾在物價上漲上產生的損失，能夠達到鼓勵消費，安定人們的生活的益處，而且大大降低了生產領域的風險。

個人理財的意識已經是人盡皆知了，有不少人沒有意識到科學合理的儲蓄的重要性，錯誤的認為把財理好就可以了，銀行儲蓄並無什麼關聯，事實上，我們的理解有偏差，儲蓄可以說是投資資金的根本，只有堅持合理的儲蓄，才能保證理財計畫的順利進行。因此，採取科學合理的儲蓄，也是我們理財規劃重要的一步。

民眾到銀行去存款是一件非常普遍的事。但是大家對存款的類別知道的很少。這個問題不能不去關心，不同種類的存款方式更有助於您合理投資理財，使您的存款獲得最大的收益。儲蓄存款的方式大概

有以下幾種，它們特點鮮明，適合不同的投資者。

第一種是存本取息定期儲蓄存款。一般從 5,000 元起存。存款分一年、三年、五年，到期一次領取本金，利息憑存款單分期領取，可以一個月或幾個月取息一次。如到取息日未取息，以後可隨時取息。

第二是教育儲蓄。教育儲蓄具有免徵利息稅和利率較高的特點。但它的存取方式和存款額都有限制，並且只有學生到了非義務教育階段才能適用。對一些人來講不適合。

第三種是活期儲蓄存款。1 元起存，由儲蓄機構發給存摺或儲蓄卡。這種方式最為方便，但利息最低。

第四種是零存整付定期儲蓄存款。一般 5 年起存，存期分一年、三年、五年，存款金額每月由儲戶自訂固定存額，每月存入一次，中途如有漏存，應在次月補存，未補存者，到期領取時按實存金額和實際存期計算利息。這種方式對每月有固定收入的人來說，是比較好的累積財富的方法。

第五種是整存整付的方式，存款的起點一般是 50 元，存款的期限可以分為三個月、半年、一年、二年、三年或者五年。資金一次性存入，商業銀行出具存款單作為憑證，當存款到期的時候憑存款單來領取本金和利息。這種儲蓄方式比較適合有常常購物或投資的人。但如果提前領取的話，銀行就會按照活期存款利率付息。

第六種是零取定期儲蓄存款。一般 1,000 元起存，本金一次存入，存期分一年、三年、五年。領取期分為一個月、三個月、半年一次，利息於期滿結清時領取。

第七種是兩便儲蓄存款。按照儲蓄的時間段可以分為：第一種是不滿三個月，第二種是三個月以上不滿半年，第三種是半年以上不滿

一年，第四種是一年以上。在這四個時間短內存款的利息有不同的區
別。它流動性強，又可以獲得定期存款的高利率。

| 投資問答 |

問：專家您好，我想了解一下什麼樣的儲蓄方式既能保證流動性，也
可以獲取利息收益？

答：這個很簡單，現在我就把常用的兩種模式做一個分析，希望你從
中可以獲得幫助。

第一種，假如你持有 5 萬元，可分別用 5 萬元開設三個月、半年
期、一年期直到三年期的定期儲蓄存款單各 1 份。半年後，可用
到期的存款單開設 1 張 1 年期的存款單，按照這個方法，三年後
你持有的存款單則全部為三年期的，到期的年限依次相差三個月
到一年。這種儲蓄方法可以把這一年的儲蓄到期額保持均衡，既
可以應對儲蓄利率的調整，又可以獲得三年期存款的較高利息。

第二種，如果持有 10 萬元，將 10 萬元分為 10,000 元、20,000
元、30,000 元、40,000 元 4 張一年期定期存款單，來應對突發
的用錢狀況。假如一年內需動用 10,000 元，就只需領取 10,000
元的存款單，避免了領取小數目動用大的存款單的麻煩，使利息
的損失降到最低。

提高利息收入的技巧

現在的理財方式可謂是層出不窮，銀行儲蓄卻是這些方式中最為
重要的。現在對於儲蓄的理解不應只停留在把錢存入到銀行裡，這裡
面也包含了很多技術層面的問題。我們透過案例的分析，來進一步了

解儲蓄組合的重要性。

1. 提高流動性的大額定拆存款

適合群體：資金存款流動性強的群體。

案例：王女士在銀行存入 8 萬元，存了三年的定期。馬上就快要到期了，但是因為資金周轉的問題需要 4 萬元需要提前領取，如果真是這樣的話，這 8 萬元的定期利息按照規定應該按活期領取，這時的利息是既定的。

解決方案：王女士主要的問題是提前領取利息損失的計算問題。按照有關規定，定期儲蓄存款如果提前領取，不計算你存入的時間，只能按照活期存款計算所得利息。這就是說，一旦出現資金周轉不靈的時候，提錢領取現金會損失利息的收益。其實王女士可以將固定存款化整為零，分成幾個份額，並且計算出所取的日期，這樣的話過一段時間就有現金可以兌換，保證了資金的流動性，假如出現了急需用錢的狀況，也可以把損失降到最低。

例如王女士可以把手裡的 8 萬元資金，拆分成 2 萬～ 3 萬一份，分別存一年期、兩年期、三年期的定額存款。假如沒有用處還可以繼續存入，假如說二年後將到期的 4 萬元再存三年期，以此進行，如果出現需要錢的情況臨時需要錢用，可以取得臨近到期的那一筆。這種方法既可以應對存款利率的調整，也同時解決了用錢的問題，而且不損失定期存款的高額利息。

特別注意：在做定期存款時也可以在備註上登記自動轉存業務，假如說沒有動用大額存款的必要，銀行的記錄會將存款自動記錄到下一階段。如果儲戶在備註上沒有做自動轉存，那麼過了的期限只能按照活期存款計算。

2. 零存零取法

適合群體：有投資期望的普通階層。

案例：股市的風雲變化讓股民老劉膽顫心驚，而面對今年的股市上下震盪，老劉覺得應該逐漸的將資金投入到股市上。這樣一來就有些閒置的資金出現在帳面上，老劉覺得不做點什麼實在是太可惜了，怎麼才能讓這些資金有用武之地呢，而且還不影響定期將資金投入到股市上。

解決方案：老劉可以採取零存整付的月月存儲方法。我們所說的月月存儲法也就是將每個月的閒置資金存入銀行，把這些存款單都設定在一年的期限內，利息到期是每一個月承兌一次。這種做法不僅讓老劉獲得一些固定的利息收益，而投入股市的資金也不會受到限制。這種辦法特別適合那些資金盈餘不多而還想做投資的中層人士，一方面的好處是每月薪資發下來可以存入銀行，另一面就是每個月都有到期的存款單，可以做自己感興趣的投資。這種方式的好處在於能夠發揮儲蓄存款的作用，也能調節衝動投資者無計畫投入的壞毛病。

特別注意：如果資本市場預期的投資機會沒有出現，可以把到期的資金和利息繼續轉存。

| 投資問答 |

問：請問專家，我有 20 萬，但是現在的我不太看好目前的投資市場，所以把錢做存款儲蓄，你能夠給我提一些建議嗎？

答：這位投資者你好，其實對於儲蓄來說，適用的組合方式都不同，這需要按照情況而定。比如說關於流動性的問題，你可能對於這個沒有明確的概念。甚至不知道怎麼控制流動性。

比如說，在一定的時間段資金是閒置不用的，但往往事情的不確

定性是非常明顯的，你能夠做的就是控制好存款儲蓄中固定利息的年限與活期存款配置多少的情況。如果說對別的投資項目不感興趣，也可以做存款儲蓄的續存。對於資金流動性大的人來說，還是多拿出一部分資金去做活期投資，做到盈利與流動性的協調。

驚人的複利

很多人總認為獲得成功的必要條件是龐大的資金支援，只有密集的資訊人脈網和付出的努力超過常人數十倍才能成功，這種想法其實是錯誤的。雖然你的起點不高，但是你能規劃出一個清晰的人生計畫並具有能夠長期堅持的恆心，這就像是複利的功能。

1. 複利的效果

在西方有這樣一個傳說，充分顯示了複利的力量：

克魯斯發明了西洋棋，令當時的統治者十分高興，統治者決定要獎勵克魯斯。克魯斯對國王說：「我對獎勵不感興趣，只要您在我這個棋盤上放一些穀子就行了。在西洋棋的棋盤的第 1 個格子放 1 粒穀子，在棋盤的第 2 個格子裡放兩粒穀子，在第 3 個棋格裡裡放 4 顆穀子，按照這個倍數關係持續放下去，以後每一個棋盤格裡放的穀子數都是上一個棋盤格子裡放的穀子數量的兩倍，把這個棋盤放到最後的第 64 格子就可以了。」統治者認為這件事很容易就能夠做到，欣然的答應了克魯斯；但是後來統治者醒悟到，就算是把整個國家的穀子都給他，也不能達到克魯斯要的結果，因為雖然每個穀子的重量只有 1 克，但是需要的穀子數量差不多有幾千萬噸重！

　　雖然表面上來講，他給出的起點很低，從一顆穀子開始，但是多次數量的翻倍，最後就形成了龐大的數字。

　　經濟學上有一個「72法則」，用來評估出投資翻倍或減少花費的時間，形象的可以反映出複利效應。我們可以做這樣的假設：最初投資的數額是100元，年利率9%，如果想知道本金多長時間翻倍，將資金的數額變成200元。大家都會覺得這樣做很繁瑣，其實結果非常簡單。將72除以9（利息率），得到的數字是8，我們就可以知道翻倍的時間是8年。雖然這個法則的結果比較籠統，但是對於計算期限來說已經很準確了，如果你缺少對複利的計算公式不妨用這個法則。雖然這個公式很簡單，但是能給我們很大的幫助。

　　我們對複利有了了解，就能利用這個法則輕鬆的計算出存款金額翻倍升值的時間了。我們舉一個例子：小王和小李在同一年大學畢業，小王為了方便回到了家鄉工作，而小李去都市謀求發展。說來也巧兩個人的薪資居然相同，都是年收入40萬元。小王處於經濟發展速度比較緩慢的地區，收入成長速度只有百分之一，利用公式可以知道翻倍需要72年的時間；而小李所處的經濟發展良好，收入成長速度為3%，所以，他的收入翻一倍只需要24年的時間。從開始的小小的不同，經過時間的推移，產生了如此巨大的差異，讓我們感覺到投資的微妙。

　　愛因斯坦曾經說過關於複利的概念：「複利的威力比原子彈還可怕。」對於一個有著良好的發展基礎的年輕人來說，我們為什麼不把複利投資作為一種學習，這也是獲得成功的一個良好的途徑。這樣的益處不光是顯現在他的個人身上，對他的家庭也是有好處的。

2. 如果按照複利的發展模式，必須做到以下三點：

首先，確定目標和我們的發展方向。

利用複利方式發展是由我們最終的目的所決定的，有清晰的目標是有理想的人所需要具備的，我們可以制定標準，讓計畫的執行人就像做工作一樣完成每天的量，以及規劃目標的發展方向，制定多少量就做多少。

其次，長期堅持下去。

有人說：「我們每人每天都有一定量的資本收益，我們所有人的量都是相同的，那就是時間。每人都是二十四小時，關鍵是你能否合理利用時間。有的人把時間花費在學習工作上，有的人把時間用在家庭維持上，有的人卻荒廢時間渾渾噩噩。一天的累積結果是很難顯現的，但是把每一天這樣一點一滴的累積下去，那麼，長時間累積的結果就會顯現出來，而達到作用的就是複利。

再次，計畫應該越早越好。

複利的作用需要經過時間的培養才能得以顯示，如果我們實行計畫的時間比較晚，時間累積不夠，自然不會顯現複利巨大的作用。所以一旦做事情有了計畫，應該提早下手。自我控制能力很強的人一般會提前做好計畫，爭取時間的複利效應。有了既定的目標，沒有足夠的時間的話，複利的作用也很難發揮出來。所以有了目標，還要在時間上做功課。

| 投資問答 |

問：專家您好，我現是小資族，我對未來養老的問題有些擔心，你能給我一個好的建議嗎？我每個月都有閒置資金，怎樣做養老規劃呢？

答：對於你所說的問題，可以從兩個方面去解決，第一個方面就是從保險角度出發，養老保險、醫療保險是必不可少的。這些保險既可以保證日常生活還可以應對疾病，不要輕視保險，保險在危急時刻的作用是巨大的。

第二個方面就是從儲蓄的角度來談，因為穩定性比較適合長期的理財規劃，尤其是複利效用的發揮，這讓做長期儲蓄的人嘗到了甜頭。作為小資族的你，可以把每個月的閒置資金做一個長期定額存款，這對你養老來說，非常有幫助。

加息下的儲蓄投資策略

觀點一：穩健類型的投資者可以做長期儲蓄

加息時儲蓄收益會隨之增加。比如說，銀行將一年期定期存款基準利率調到 0.8%，也就是說 10 萬元的一年定期利息是 800 元。

如果遇到持續的加息策略，可以適時的採取購買國債的方式，因為國債的利息率比銀行利率還要高，而且不收取所得稅。

觀點二：加息的情況下不要提前還貸

存款利息增加了，同時貸款的利息也增加了，我們不如提前還一部分貸款，其實這種做法也不是太科學。如果信貸緊縮，那麼到銀行做貸款投資並不容易，更何況很多人享受了在加息前的優惠利息率和折扣率。所以說提前還貸沒必要。所以不要輕易的結束貸款。不過有一點，如果說貸款金額較大，加息以後無法承受其巨大壓力的情況下，可以考慮提前還款。

觀點三：尋找短期的理財產品

每次央行發布加息消息，都會吸引大量的民眾去存款。與銀行

存款相比，銀行推出的理財產品收益更多一些，尤其是那些短期的理財產品，它們的優勢尤其明顯。許多銀行理財產品的收益率受到銀行加息的影響開始提高。如果出現多次加息的情況下，銀行推出的理財新產品的預期收益率也會隨之增加，尤其是一些信託基金和可轉換債券。

投資者在加息的時候選擇投資期限比較短的理財產品的原因是，如果銀行還在加息，可以及時的轉換成有更高收益率的產品。

觀點四：投資黃金，防通膨

對於風險承受能力較強的投資者來說，要想有效的減少通膨損失，投資黃金是一個非常好的管道。

投資者可以把投資黃金作為投資組合的其中的一個份額。這樣做能有效的降低整個投資組合的風險，提高最佳化配置的效率。有一定經濟基礎的投資人可以採用購買實物黃金的方式；那些具有風險偏好的投資者，可以做黃金的期貨或現貨的對沖交易。這種具有放大效應的保證金交易，風險較大，其特點是看多看空雙向都能獲利，對那些沒有購買實物黃金能力的人是一個不錯的選擇。

觀點五：投資貨幣市場的基金

加息的一個作用就是防止通貨膨脹，相比於債券基金與股票基金，流動性最強的是貨幣基金，可以和那些活期的存款相比，一般二～三個工作日即可到帳，而且不收取贖回的費用。

貨幣市場基金投資的主要範圍是那些短期金融工具，如國債、金融債、央行票據、信用等級較高的企業短期融資券、銀行定期存款等。它的投資特點有：投資的時間短、現金額度大，能夠及時把握利率變化和短期交易品種的投資機會。

　　上述的五個觀點雖然不是十分全面，但是也可以對加息情況下的獲利有一個總結。還要注意的是，銀行的不斷加息說明了經濟運行過熱，政府急需回籠資金，減少市場上的貨幣流通量。由此可知，在進行加息理財的同時還需要注意防通膨避免投資那些虛高的經濟泡沫產品。

投資問答

問：請問專家，雖然現在的銀行利率已經比較高，但我仍覺得難以抵擋物價指數的成長，存錢我覺得還是不太划算，去做投資又不知道獲利的機會有多大，在這種情況下，有什麼好的辦法能夠保值呢？

答：您好，您把問題講得比較透徹。我們在投資過程中，也經常面臨兩難的情況，作為一個理性的投資人，我們可以做一個理財規劃。資金的存放是有時間價值的，所以在票面收益率和實際收益率上，我們應該更注重實際收益率。

　　我們可以把資金分成幾部分，數額可以不均等。分別在銀行活期、定期儲蓄，債券型基金和股票型基金上進行投資。有條件的話，還可以購買一些實物黃金，因為這是最保值的。我們要明確的一點是，這個組合的目的是防止貨幣貶值，所以選擇的項目風險性一定要低。

信用卡的正確使用方式

1. 管好自己手中的卡

(1) 幾張卡最合適

我們因為時間和地點的轉換，可能會辦理不同的金融卡。我們手中有幾種金融卡最合理呢？最合理的狀態是兩到三張。除了可以在銀行辦理簽帳金融卡以外還可以辦一張信用卡，簽帳金融卡可以把錢存進去，日常領取都很方便。另外，由於簽帳金融卡一般是不同銀行發行的，利用時有效的組合，也加大了消費的範圍，為我們的生活提供了更多方便。

(2) 利用信用卡的分期 0 利率

一般的銀行都會規定在刷卡消費以後，使用信用卡的客戶擁有數十天左右的分期 0 利率。換句話說，只要能在一定期限範圍內償還所消費金額，銀行是不會向客戶收取費用的，可以說這就是一筆無息的貸款。在免除還款利息時間內，你可以將那些準備用來消費的資金做一些投資，比如說股票投資或者基金投資，不過一定要加強風險防範。

(3) 把信用卡的分期付款功能用活

利用信用卡進行一次性大額購物或服務消費時，也可以把還款的額度分成幾個期數，只要是能在一定時限內還清該期限的信用額度，就不會承擔相對的費用和利息。採取分期付款的功能可以解決一些大額支出。

(4) 辦一張附卡節約手續費

在一些國家和地區都能用金融卡消費，免去了攜帶現金的煩惱。

辦理這種在各地都可以消費的金融卡，省去了很多關於兌換的麻煩。比如說你的兒女在國外讀書，更需要辦理一張可以跨境消費的卡，父母手中握有主卡，子女手中有附卡。這樣做的好處是，主卡在國內匯款不需要繳納手續費，而孩子的附卡在國外購買生活用品也不需要花手續費，長此以往利用這種方法，幾年下來一定會省下不少的手續費。

(5) 巧妙的躲避銀行的費用

假如說你每個月的定期存款不超過 4,000 元，應該考慮整合一下這些活期帳戶，把那些不經常用的進行整合，把它們進行註銷合併，只把最適合的帳戶留下來，用這個帳戶完成存款、取款、承兌等基本業務，可以有效的減少銀行一些業務的收費。銀行沒有對定期存款的額度進行規定，假如把同樣的小數額的資金存入定期六個月，既能夠避免收費和利息的損失，還可以有效的增加儲蓄的收益率。

2. 防範信用卡詐騙

金融卡、信用卡的詐騙案件屢見不顯。防範金融詐騙也成為了我們必須關注的問題。以下就是常見的五種詐騙形式：

(1) 透過網路病毒盜取銀行密碼。

有很多不法分子利用假的金融機構名稱騙取金融卡密碼、帳號。犯罪分子通常的做法是在網路上向使用者發送虛假電子郵件，誘騙金融卡客戶登錄與真銀行網站頁面完全一致的假網站，並要求受害人填寫個人資料、帳戶號碼及密碼等內容。

(2) 簡訊詐騙。

這種形式早已見怪不怪了，這種垃圾簡訊遍布，據調查，有非常多的手機用戶曾經收到過冒充銀行及保險的虛假簡訊，受害人數達上

萬人，損失的金額上千萬元。

(3) 偽造提款機。

一些掌握高科技手段的罪犯打起了提款機的主意。如在提款機鍵盤上覆蓋一個金融卡密碼器，這個記錄器很像鍵盤，在它的下面是一個製作精細的電路板。這個機器可以自動記錄客戶輸入在金融卡密碼器上的密碼。

(4) 用假冒的信用卡大宗購物詐騙。

這些罪犯偽造國際知名的信用卡，大肆騙購貴重物品。他們經常購買高級物品，但是憑藉的是偽造的信用卡的帳號。

3. 以下是幾種常用的防範招式

(1) 設置安全級別較高的密碼；在插入磁卡並輸入密碼時，注意一定不要讓其他人看到；注意檢查提款機近旁是否有隱蔽的攝影鏡頭。

(2) 當提款機的螢幕顯示為「故障」時，不要輕易將金融卡插入其中。

(3) 取款或存款交易完成後，記得一定要把卡和交易明細表取走，如果不保留明細表也不可隨便丟棄，必須銷毀明細表丟入廢紙箱裡。

(4) 如存款或取款數額與帳戶顯示不一致，或是金融卡出現被吞卡的事情，應該盡快去找該銀行職員，或撥打銀行的服務電話。

│ 投資問答 │

問：專家您好，我想了解一下銀行收取年費的標準，如果沒有繳納年

費，結果會怎麼樣？

答：您好，這個問題很普遍，有的人發現自己的信用卡不能用了，也不知道原因，其實大多都是因為沒有年費的緣故。

如何讓儲蓄與其他投資方式相轉換

按期存入固定金額，透過使用不同的儲蓄方式，一年所獲得的利息相差將近三倍。存錢也是一門學問，巧妙的利用的儲蓄方式的組合，既能保證資金有充分的流動性，還能獲得豐厚的收益。

如今，雖然炒基金、買股票、做期貨，理財工具不斷發展，但是最基礎的理財方式還是儲蓄。有專家指出，在現在低利率的條件下，單純的活期或者定期存款的儲蓄方式，不能使流動性與固定的收益形成統一的趨勢。民眾可以巧妙的應用二種儲蓄方法，這種方法能充分保證資金的流動性，還能保證利息收益。

案例一：每月節餘較固定，可循環儲蓄。

小張每個月都會省下 2,000 多元，經過一年的累積，卻發現存摺明細上只有 100 多元利息。「物價總是漲，然而利息又這麼少，存錢有什麼用呢」看著金融卡上的存款餘額，小張非常的無奈。

專家建議，像小張這樣的小資族，領完每個月的薪資後，把那些結餘的資金做一個整存整取期限為一年的儲蓄，這樣小張就有 12 張定期存款單了，一年以後每月都有一張存款單到期。如果涉及用錢的事情，可把錢領出，不需用錢，就可以把到期的存款加上當月的閒置資金一起再存起來，這樣的儲蓄加強了流動性，同時也獲得了比活期高的利息收益。比如小張每個月節省下的 2,000 元，如放在定存活

期，一年以後的本利和也就更多了。

專家評論：大部分的小資族都把薪資放在存簿，用多少就取多少，每個月的節餘都是活期利息存款，利息少不利於資金的累積。循環儲蓄的優點就在於可讓資金具備一定靈活性，同時獲得很好的利息收益。

案例二：把錢分開存，半年到期與一年期存款。

宇毅跟妻子有一筆五萬元的閒置資金，本來打算做一年定期的存款，但是覺得資金流動性太差，存半年的話利息又太少。如何在保證利息的情況下，增加資金的流動性？這讓宇毅非常頭疼。

宇毅手中的 50,000 元現金可以分成兩個部分，每份 25,000 元，一份做一年期存款，另一份做半年期存款。半年以後，把到期的半年期存款轉存為一年期的存款，並且把這兩張一年期的存款單都備註可以自動轉存。這樣循環的儲蓄，交替存儲的時間為半年，隔半年就可以承兌一張一年定期的存款單，這樣不僅提高了資金流動性，而且還獲得了完整的存款利息。

專家評論：在中等收入家庭都會有一定數額的小額閒置資金，他們對流動性的要求不是特別強烈，但是又不想需要的時候承受利息的損失，這種交替式的存款方式比較適合這樣的家庭。

案例三：多種方式存一筆錢，需要多少取多少。

王女士手裡有 20 萬現金，但是又不知道什麼時候利用這些錢，需要用多少錢。做活期銀行儲蓄吧，取錢的時候雖然很便利，就是利息收益太低了；做定的存款儲蓄吧，如果遇到用錢的時候又得提前領取，利息又會按活期的算。到底是存活期還是存定期？王女士不知

道如何是好。

　　專家建議：假如說有 20 萬元現金，王女士可以將它們分成不同額度的四份，分別是 2 萬元、6 萬元、8 萬元、4 萬元，然後將這 4 張存款單都存成一年期的定期存款。在一年內無論在哪個時間段需要用錢，都可取出和所需現金數額接近的那張存款單，剩下的存款單仍可以繼續享受定期利息。

　　專家評論：這種儲蓄方法適用於一年內需要資金流轉的人群。用這種分成分額的儲蓄方法不僅利息比存活期高很多，需要資金流轉的時候也能以最小損失取出所需資金。

| 投資問答 |

問：專家您好，我想了解一下還有其他的儲蓄方法？我每個月都有閒置資金，我想做長期的儲蓄，用來以後的養老。

答：那你非常適合零存整付的儲蓄方法，零存整付是銀行定期儲蓄的一種基本類型，所謂定期儲蓄即為儲戶在存款時約定存期，一次或按期分次存入本金，整筆或分期、分次領取本金或利息的一種儲蓄方式。儲戶在進行銀行存款時約定存期、每月固定存款、到期一次領取本息的一種儲蓄方式。下面介紹一下零存整付的利息計算方法。

零存整付利息計算公式是：利息 = 月存金額 × 累計月積數 × 月利率。其中累計月積數 =（存入次數 +1）÷2× 存入次數。據此推算一年期的累計月積數為（12+1）÷2×12=78，以此類推，三年期、五年期的累計月積數分別為 666 和 1,830。儲戶只需記住這幾個常數就可按公式計算出零存整付儲蓄利息。該計算公式只適合匡算，實際應付利息與客戶每月的存款日期提前或錯後有

關，該應得利息只是針對每月存款日期不變的情況下適用。

儲蓄與通貨膨脹

隨著人們生活水準的提高和收入的不斷成長，人們現在更加關心和關注儲蓄與其他投資方式的優缺點比較。大家儲蓄的主要要求，就是要使自己手中的閒置資金實際價值得以保全，也就是說不貶值，一旦有資金需要的時候能夠物盡其用。一個有著多年社會觀察經歷的人不難發現，處於市場經濟運行的情況下的人們會面臨通貨膨脹，而通貨膨脹可能會使儲蓄的部分利益消失，有可能儲蓄所得的利息還沒有通貨膨脹造成的損失大。

利息的含義是什麼？通貨膨脹有什麼影響？怎樣做才能使自己辛辛苦苦賺來的錢不受通貨膨脹的影響？在通貨膨脹的條件下我們怎樣做可以使自己的財產保值增值？這些問題在我們的日常生活中是普遍存在的。

從古至今，利息的本質問題都被經濟學家和金融專家所探討。與利息有關的概念有：風險的代價、時間的價值、個人享受欲望的壓制、剩餘價值、資金的投資效用、放棄消費的報酬等等。

西方經濟學通常會把利息的真正含義定為借貸資金的價格。比如說，一個人在需要錢的時候向別人提出借款的要求，在正常情況下應該按照事先的約定向承貸人支付一定的酬金，這個酬金是對承貸人提供資金本金的比例關係率，這就是利息。在正常情況下，一個人借貸資金的首要條件就是他可以透過利用所借貸的資金創造出比其將付出的利息更高的利潤。

所以，馬克思是這樣定義利息的，利息的本質可能只是附屬在資

金的投資利潤上，同時也是剩餘價值的特殊轉化形式。我們可以從資金的走向上看到，資金可以透過借貸提高它的使用效率和周轉速度，從而客觀的提升了經濟量的速度。

在這個經濟發展迅速的時代，人們對通貨膨脹的概念已經有了一定的認識，人們在日常生活中的商品的流通和理財工具的買賣中也可以發現它的存在和意義。人們應該能夠知曉的是通貨膨脹的時候，人們的儲蓄收益的變化方向，如果出現通貨膨脹率高於銀行的存款利息的時候，人們的固有資金就遭到實際意義的「貶值」。在出現通貨膨脹率長期高於銀行的儲蓄利率的時候，人們就會意識到到銀行存的錢越多，蒙受的資金損失也會越多。透過對投資理財的不斷認識，細心的人們開始尋找自己的資金不受通貨膨脹的損失的方法。

在總體經濟的市場條件下，人們可以採用長期投資貴金屬、股票基金或者其他的理財工具減少由於通貨膨脹帶來的損失。隨著市場經濟不斷深化和金融市場逐漸步入健康發展的軌道，民眾將會更樂於參與市場經濟的投資活動中來，能夠讓自己的閒置資金得到充分的優化配置，並且還可以獲得更加豐厚的投資收益。

投資問答

問：專家您好，我發現儲蓄的利率比較低，而且在通貨膨脹的情況下，我們很難在投資儲蓄上獲得我們預期的收益，有什麼科學的理財方式解決這個問題？

答：您好，對於你提出的問題我們要從兩個方面考慮。一個方面是從保值的角度來看，另一方面是從增值的角度考慮。

假設從第一個方面考慮，資金的安全性還是能夠得以保證的。因為在負利率的情況下，市場上的名目利率開始上升，那些銀行推

出的理財產品為了吸收資金就會提高其收益率。但是這種方式的弊端就是失去了貨幣的時間價值，從週期上來說，資金的內在價值處於靜止的狀態。風險承受能力比較低的民眾可以採取這種方式理財。

另一方面，我覺得應該讓資金的時間價值得以展現。適時的做一些投資，但須嚴格控制風險，因為這種方式還是有一定的市場風險的，在獲取收益的同時可能還會遭受損失。

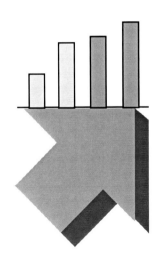

第 6 章　債券：
提高你的投資安全性

投資債券必懂的概念

債券作為投資工具因為具有安全性高、收益高於銀行存款、流動性比較強的特點，被廣大民眾所青睞。

第一，債券投資的優點

1. 安全性比較高

因為債券發行之初就顯示了到期後可以支付本金和利息，所以它的收益非常穩定而且安全性高。尤其是對於國債來說，它的本金及利息的給付是由政府作擔保的，幾乎沒有什麼風險，被稱為「金磚債券」，這種投資方式的安全性非常高。

2. 收益率高於存款儲蓄

債券的利率高於儲蓄存款的利率。投資債券，投資者的優勢就是可以獲得穩定的、高於銀行存款的利息收入的情況下，另一方面可以利用債券價格的變動，買賣債券，賺取價差。

3. 流動性比較強

債券的流動性比較強。當債券持有人需要資金周轉時，可以在貨幣交易市場任何時間賣出，而且隨著資本市場的進一步開放，債券的流動性將會逐漸提高。因此，債券作為投資工具的一種，最適合那些想獲取固定收益的，投資目標定在長期投資的人。

第二，影響債券投資收益的因素

1. 關於債券的票面利率問題

票面利率與實際收益是成正比的關係，也就是說票面上固定的利率越高其收益也就越高，債券的票面利率是由市場當時的市場利率、

債券到期時間、發行者的信譽級別、流動性強弱決定的。票面利率是受當時的市場利率所影響的；債券的到期時間越長，票面上利率就會越高；發行者的信譽級別越高，票面的利率就會降低；流動性強的債券利率也就越低。

2. 市場供需、貨幣政策和財政政策

市場的供需變化、貨幣政策的鬆緊程度、國家對投資的態度，都會而影響到投資者購買債券的成本，所以市場的供需變化、國家政策也是我們考慮實際收益的重要因素。債券的收益水準儘管受到多重因素的影響，可是它作為一種具有穩定收益的投資工具，它的波動幅度不會像股票那麼大，因此它的收益也是比較固定的，投資風險相對來說也較小，適合缺乏風險承受能力的投資者。

3. 債券的投資成本

購買時成本、交易的費用成本和國家的稅收成本三部分是構成債券投資的主要成本因素。購買成本指的是投資人買入債券時所買入價格的成本因素；交易成本包括經紀人的傭金、成交的服務費和過戶的手續費等。目前只有國債是不徵收利息稅的，但企業債的利息收入還需要繳納所得稅，專業機構的投資人還需要繳納一定的營業稅，所以國家對於稅收的政策也會影響債券收益。債券的投資成本越高，那麼它的投資收益也就越低。所以債券投資成本也是考慮投資收益的基本因素，在計算投資收益率的時候必須排除稅費的因素。

4. 市場的利率與債券的定價關係

債券投資收益率的變化與市場利率的變化是呈反比例關係的，也就是說市場利率升高的時候，市場上的債券價格就會下降；市場利率降低的時候，債券的價格就會升高。客觀的說，這樣就會給債券的買

賣帶來差價，也就形成了債券的獲利因素。隨著市場利率的提高，債券買賣的價格差是正數時，債券的投資收益就會增加；當出現市場利率降低的時候，市場上出現債券買賣差價為負數的時候，債券的收益就會降低。但是隨著市場利率的變動，投資者如果能適時的操作債券的買入賣出，獲得的收益就會更多。在最糟糕的情況下，債券投資者買入債券的時機出現偏差，也會增加投資證券的風險。

第三，債券發行時的定價方式

債券的發行價格是指在發行市場（一級市場）上，投資者在購買債券時實際支付的價格。通常有三種不同情況：

① 按面額發行、面額收回，其間按期支付利息；

② 按面額發行，按本息相加額到期一次償還，目前發行債券大多數是這種形式；

③ 以低於面額的價格發行，到期按面額償還，面額與發行價之間的差額，即為債券利息。

第四，市場交易價格：

債券發行之後，透過次級市場的流轉和交易，形成了不同的價格差。還有一方面，債券的交易價格取決多種市場因素的共同影響。一般情況下，債券的價格與時間是反比例關係。也就是說，債券價格越高，投資者在二級市場上的收益也就越少；相反的情況也是這樣的。不管票面的價格與實際收益相差多大，離債券到期的時間越長，價格的變化也就越大。在出現通貨膨脹的情況下票面利率與市場的關係也是相反的，但是那些具有保值補貼功能的債券例外。

問：請問專家，我知道發行的國債具有很多優點，我想具體了解一下
　　怎樣才能購買到國債？

答：您好，國債具有很多優點，比如說流動性較高，不收取稅費等。
　　申購國債的具體要求是根據不同的國債種類有不同的購買方式。
　　請參考政府公告相關資訊。

債券的風險種類以及原則類型

在經濟學上，風險指的是對收益的不確定性。而在保險學當中，有人對風險提出了損失不確定性的概念。對於投資債券來說，風險的程度特別低，但是我們不能說債券市場上是零風險，這種提法忽視了債券市場的多重風險，以下幾種就是債券市場潛在的風險，我們來做一下了解：

① 利率風險，利率風險是指利率的變動導致債券價格與收益率發生變動的風險。

② 通貨膨脹的風險，由於債券的利息都是事先定好的標準值，然而未來經濟的發展狀況有所區別，有可能物價的成長指數會超過所得利息，或者與利息相持平，利息無法彌補通貨膨脹的損失。這就是通貨膨脹的風險。

③ 回收性風險，一些公司發行的債券會規定收回的期限，這就對投資者進一步獲利造成了損失。有的公司因為業績發展比較快，能夠償還債券的本金，所以他們希望盡快收回，來堅守財務支出。

④ 稅收風險，政府會對一些公司發行的債券進行利息稅的徵

取，這就減少了債券投資者的收益。

⑤ 價格變動的風險，債券市場上的價格變動非常平凡，假如變化的方向、幅度與投資者預測的方向出現偏差，那麼，自然會給投資者造成損失。

⑥ 轉讓的風險，當投資者需要用錢的時候，不得不減少收益來完成盡快兌現的目的，或者是支付一定的傭金。

⑦ 政策的風險，由於國家經濟政策的變化而造成債券損失。比如說，在通貨膨脹的情況下，一些債券的加息和補貼。

為了防範在債券市場當中的風險，更好的獲得債券的收益，應該在預防上多加謹慎。以下幾個原則，可以幫助我們規避風險。

穩定收益原則

由於債券的種類不同導致了我們投資的債券收益有多有少。作為投資者來講，應該根據自身的實際情況選擇適合自己的債券品種，例如政府發行的債券，也就是我們常說的國債。大多數人認為國債的投資是沒有風險性的，因為有國家信用作為支持；而那些企業發行的公司債券因為受到諸多市場因素的影響就存在著能否按時償付本息的風險，而為了吸引投資者的資金，公司債券的利率一般都會比高價發行的債券高。

安全無風險原則

和其他的理財產品相比，債券的安全性的確很高，但這種安全性只是橫向對比的，其風險因素依然存在，由於市場經濟的變化、企業自身的狀況、債券公司的信用等級變化都是非常突然的因素，所以，投資債券時應該注意不同債券投資的安全性。以政府債券和企業債券

作比較我們不難發現，後者由於受經營風險因素等影響，安全性比國債差。

承兌不困難原則

　　債券的流動性是指在市場流通兌現的能力，這種流通性的強弱直接影響未來的收益情況。就好比說，在市場能夠盡快出售說明它的流動性強，相反的話就說明債券的流動性偏弱。影響債券流動性的一個主要因素是債券的承兌時間，承兌時間段越長利息收益越高，流動性越弱；承兌時間越短，流動性越強，還要說明的是，不同種類的債券的流動性也不一樣。

　　比如政府發行的國家債券，由於信用度高，在發行後就可以在債券市場進行買賣，所以它的流動性強；企業發行的公司債券的流動性相差非常大，對於那些有實力的大公司或者是規模雖然小但經營狀況非常良好的公司，這些公司發行的債券它的流動性非常強，相反，那些公司規模小、經營狀況不良的其發行的債券流動性比較薄弱。

投資問答

問：專家您好，我覺得投資國債的利率比較高，但是要有非常長的期限，我們怎樣才能更好的利用國債？

答：您好，對於你提出的問題，我有必要做一個重申。發行國債可以說是國家的一項經濟政策。它可以回收市場上的流動資金，減少通貨膨脹的壓力，有利於國家基礎設施建設。對於個人來講希望從中獲得更大的收益也非常正常，下面我為大家介紹增加債券的方法：

1. 投資即將到期的長期國債

市場利率與債券價格之間的關係是相反的，比如說市場利率平穩的上升可以使債券價格在一定幅度中有所下降，從經濟學的角度來看，「長期」便是一種債券的價格對於市場利率變動的敏感度。由於國債的種類有所區別，它們的敏感度也不一樣。正常情況下，國債的時間越長，市場敏感度也就越大，所以，受到市場利率變動的風險也越大。不過對於馬上到期的長期國債就不同了，它們的敏感度會隨著承兌日的接近而逐漸減小，所以即將到期的長期國債，是受市場利率波動最小的債券。

2. 投資新發行的短期債券

比較長期國債的優勢，短期債券受到市場利率變動的影響又更小了，特別是在將要加息的情況下，新發行的債券價格將會降低，以後市場利率可能降低，把資金投入到新發行的短期國債市場當中，可能會收到很好的收益。

債券收益率的計算方法

透過對債券收益率的學習，可以幫助我們做好債券的理財工作。

最基本的債券收益率計算公式為：

債券收益率 =（到期本息和－發行價格 / 發行價格 × 償還期限）×100%

可能會出現債券持有人在債務償還期內將債券轉手給別人轉讓，所以我們還應該知道，債券的收益率還可以分為債券出售者的收益率、債券購買者的收益率和債券持有期間的收益率。各自的計算公式如下：

債券出售者的收益率＝（賣出價格 - 發行價格＋持有期間的利息 / 發行價格 * 持有年限）×100%

債券購買者的收益率＝（到期本息和－買入價格 / 買入價格 × 剩餘期限）×100%

債券持有期間的收益率＝（賣出價格－買入價格＋持有期間的利息 / 買入價格 × 持有年限）×100%

案例一：王某於 2000 年 1 月 1 日以 102 元的價格購買了一張面額為 100 元、利率為 10%、每年 1 月 1 日支付一次利息的 1996 年發行五年期國庫券，並持有到 2001 年 1 月 1 日到期，則：

債券購買者收益率 =[（100 ＋ 100×10% － 102）/102×1]×100%=7.8%

債券出售者的收益率＝（102 － 100 ＋ 100×10%×4/100×4）×100%=10.5%

| 投資問答 |

問：請問專家，我在 2015 年 2 月購買了十年期的國債，面額為 100 元，我當時花了 120 元購買，它發行的時間是在 2012 年，我在 2020 年以 140 元的價格賣了出去，我想算一下投資收益率？

答：從你給出的方案中可以知道，你持有的時間為五年，購進面額為 120 元，賣出時 140 元，我們可以對債券持有期間的收益率進行計算：

則債券持有期間的收益率＝

（140 － 120 ＋ 100×10%×5/120*5）×100% ＝ 11.7%。

我們透過公式可以知道，存款期間的收益率為 11.7%，表明其收

益率還是較高的。

如何投資企業債券

企業債券的定義

　　企業債券的發行是企業為籌措生產和建設資金，依照的法定程序發行，約定在一定期限內還本付息的債務憑證。企業債券大多是指各類所有制企業發行的債券。在歐美國家，由於上市的企業可以發行企業債券，企業債券就是我們所說的公司債券，它的包括範圍很大，比較有代表性的是可轉換債券和資產支持證券。

　　在資本市場也發行了上市公司的可轉換證券。可轉換債券是一種可以在一定期限內轉換成股票的公司債券，發行公司在發行時規定債權人在股市有利的時機可以轉換成等值的上市公司股票。可轉換公司債是由兩種特權組成的債券形式，當投資者不太了解上市公司的情況時，可以投資債券獲取利息，等到上市公司有明顯的起色，前景比較好的時候，就可以轉換為股票。對於債券投資者來說，這又多了一種投資選擇的機會，所以可轉換債券的價格受股市影響比較大。

企業債券的基本分類

1.按期限長短

　　我們根據債券到期的期限可以將其劃分為長期債券、中期債券、短期債券三種。

2.按利率的設置方式

　　公司債券可分為固定利率公司債券和浮動利率公司債券。固定利率債券的票面利率固定。浮動利率公司債券利息是按照某一經濟參考

指標為債券的基準利率並加上利息的差額，確定出各次付息利率的公司債券。這種債券基準利率在債券待償期內有所區別，具有不確定性和經濟週期性。

3. 按付息方式

企業債券可分為零息債券、附息債券和貼現債券三種。在債券發行歷史上，一九九八年以前發行的債券基本上都屬於零息債券，一九九八年以後發行的且期限滿 5 年或 5 年以上的債券基本都是附息債券。

4. 按記名形式

公司債券一般可以分為無記名實物券、實名制記帳式兩種。一般數額比較小的債券基本上都採用無記名實物券形式，數額比較大的債券基本上都會採取實名記帳式。

企業債券的基本要素

企業債券的基本要素一般為：發行金額、期限、票面利率和付息方式。

企業債券的融資特點

一、交易方式的獨特性

企業債券的交易方式可以分為競價交易和大宗交易兩種，上市的規則與股票沒什麼區別，與股票交易的不同之處在於公司債券在大宗交易的情況下可以進行意向申報和成交申報。目前，證券交易所所接受大宗交易申報，交易主機對買賣雙方的成交申報進行成交確認。

二、利息的派發

債券和股票的第二個不同之處就在於公司債券都會有固定的利息

分派、到期兌付。一般情況下，在證券交易所上市公司債券的派發股息在發債公司支付給證券登記結算公司分公司後，由結算公司分公司劃給投資者開戶的證券公司，再由證券公司代為扣除利息稅後，將剩餘款項在派息、兌付日支付給投資者。這樣比較方便快捷。保證了投資者的收益穩定程度。

三、債券投資的風險性

投資者在投資公司債券的時候，特別要注意考慮它的信用狀況。比如那些資信等級越高的債券發行者，他們發行的債券的風險就越小，對我們投資者來說收益就越有保證；資信等級越低的債券發行者，其發行的債券發生風險的可能性就越大，雖然這些債券的利率會相對高一點，但是對於資金的本金來講，孰輕孰重是不言而喻的。

│投資問答│

問：請問專家，在公司債券的交易市場，如何才能選擇獲得較高收益的債券種類？它們有什麼特徵嗎？

答：首先來說，債券獲利一方面與市場有關，另一方面就是關於發行債券公司的問題。公司的信用級別，發行的期限，還有公司的運行情況，這些因素都會導致債券的價格發生變動。

我們選擇債券的時候應該首先考慮安全性的問題。其次是選擇期限短一點的債券，因為可以有效的避免時間產生的利率變動風險。我建議不要追求過高的債券收益，因為那些債券都有一定時間期限的限制。

債券也能炒

當股市出現牛市的場面的時候，債券投資市場就比較冷清，由於債券市場產生的新變化以及股市風險的不斷積聚，債券投資市場在投資者心目中的位置變得重要起來。相對於起色不佳的股市，投資者面對債券市場卻覺得很陌生，而在進行投資不同種類的債券品種的時候，當初選擇股票的經驗已經沒有多大用處了。分析一檔股票未來趨勢，從它的基本面技術面的表現就可以看出來，那麼面對一個新的債券種類，投資者需要做哪些功課呢？

第一類方法：分級別步驟投資

這種方法是由股票投資技巧中研究出來的，方法是債券投資者制定一個計算方法，按照這個固定的計算方法和公式計算出適宜買入和適宜賣出的債券的價位，然後利用這個結果進行債券的操作。

分級別步驟計畫法一般遵循的操作原則是「低進高出」，也就是說在價格低的時候買進，價格高的時候賣出去。步驟是這樣的：

當債券投資者找出一種債券作為投資對象後，就需要設定債券浮動的一定範圍以作為等級，這個範圍利用一個已經明確的百分比，也可以設定為一個固定的常數。如果債券價格下降一個等級時，隨之而然買入一定數量的債券；相反的操作就是，每當債券價格提升一個等級時，就把這個級別的債券賣出。

分級別步驟投資法比較適合債券價格處於不斷波動的時期。因為債券最終要還本付息，所以，它的價格趨勢將會不斷的提升。

在運用分級別步驟計畫法時，特別要注意債券價格的總體趨勢，並且，在債券價格升降的區間買賣等級的間隔要恰當。如果債券市場

行情波動情況較大，買賣的級別的間隔可以大一些；如果債券市場行情波動比較小，買賣級別的間隔就要小一些。如果買賣等級差異過大，會讓投資者喪失買進和賣出的最佳時機，而等級差異也就會使買賣差價太小，在考慮各種手續費因素後，就會使投資者的利潤降低。同時，投資者還需要根據資金實力和對風險的承受能力來確定買賣的數量。

第二類方法：逐漸疊加的操作法

還有一種情況，當債券價格出現下跌時，投資者賣出了第一批的債券，但是市場上的價格還在下跌，第二次可以加倍買入同等類型的債券，如果繼續下跌，可以再加倍購買，這樣的大低價位購進債券占全部債券的比重，大大的降低了整體平均成本。像這樣的累積，被稱為逐漸疊加的操作法。

當債券價格上升時，運用逐漸疊加的操作法買進債券，就需要每次逐漸減少買進債券的數量，這樣可以保證最初按較低價格買入的債券在購入債券總數中的比例比較大。

發行的一些債券，比如說記帳式國債，它的交易時間是不受限制的。這種可賣出的債券，同樣可採用逐漸疊加操作法。如果出現債券價格上漲後，每次加倍售出手中的債券，經過市場上的價格上升，賣出的債券也會增加，用來降低高價賣出的債券在賣出債券總額中的比例，達到最終的獲利目的。

當我們利用逐漸疊加的操作法買入債券的時候，應該對資金進行合理的安排，限定投入資金過多的現象發生，這樣就保證了債券下跌時可以有足夠的資金進行逢低買進。一般來說，債券投資者可將資金按 1：2：4 的比例進行分配。

| 投資問答 |

問：請問專家，在投資債券的過程中除了對於操作方法的確認，還有
　　其他方式進行投資債券嗎？

答：對於那些保守型的投資者來講，不妨試試提醒投資法，這種方法
　　就是每隔一段時間，在債券發行的市場上買入期限一樣的債券，
　　每隔一段時間都這樣做，循環往復。這樣，投資者在未來的一定
　　時間內都會有固定的收益。

　　這種方式能夠獲得定期的利息收益，流動性雖然不顯著，但是因
　　為每隔一段時間都有到期的債券，不用著急把尚未到期的債券賣
　　出來提現，保證了收益的穩定性。同時，在市場利率出現變化
　　時，這種方式的投資組合不會發生太大變化，因此整個債券組合
　　的投資收益率的變化不會太大。此外，這種投資方法的交易次數
　　一般只有一次，所以交易的成本比較低。

可轉換債券的投資價值和時機

可轉債具有的獨特投資價值

　　可轉換債券的含義是可以轉換成上市公司的股票，由於它具有股
票和債券的雙重屬性，對於債券投資者來說是進行一種雙性的投資。
一般來說，在債券的二級市場上，上市公司可轉債的價格的變換形式
是這樣的：

　　在資本市場活躍的牛市當中，可轉債價格會隨著股票的價格同步
上漲，比如說 2020 年 5 月至 8 月，○鋼股票的走勢非常好，它可轉
換債券的價格也從 95 元攀升至 145 元，漲幅超過 50%，給投資者帶

來了豐厚的報酬。

　　不過在股市薄弱的時候，轉債價格在票面額上會有較強的剛性，比如說 2021 年 8 月，○○機場的股票幾次跌破 9 元的大關，而○○機場的可轉換債券在 98 元以上有比較強的支撐，可以看出投資可轉換債券能夠很好的規避市場上的風險。

可轉債的投資風險

　　可轉換債券的風險雖然沒有股票的風險大，1998 年的那一次亞洲金融風暴中，投資亞洲可轉換債券的人還是損失巨大的。投資者應該了解一下可轉換債券的潛在風險，有利於規避投資的風險。

1. 受股票價格漲跌影響的風險

　　假如說股票的價格高於可轉換債券時，可轉換債券的價格也會隨著股票價格上漲而上漲，因為相關因素的影響，可轉換債券的價格也會隨股價的下跌而下跌，就是說投資者要承擔股價波動造成的債券波動的風險。

2. 利息遭受損失的風險

　　當股票價格下跌到轉換價格的時候，可轉換債券的投資者不得不轉化成為債券投資者，如果轉換成為股票的話損失還會增加。由於股價的影響導致可轉換債券的利息要低於同等級的普通債券利率，這樣就造成了投資者的利息損失。

3. 贖回的風險

　　有的可轉換債券發行者規定了可以在發行一段時間之後，以某一價格贖回債券。提前贖回讓投資者的收益受到了限制，另一方面也增加了投資風險。

4. 強制轉換的風險

債券在利息收益期限內強制轉換，和提前贖回有些相似，對投資者的最高收益率產生了限制作用，但是這時候的收益率一般會高於提前贖回的收益率。而到期的時候無條件強制轉換，導致投資者的本金無法收回，就會承受股票動盪的多重風險。

投資策略與投資時機

可轉換債券結合了股票與債券的雙重優點，把股票的長期成長潛力和債券的安全和收入優勢組合在了一起，投資者應該根據這個情況發現投資時機，總結投資策略。

上市公司發行的可轉換債券的轉換價格是有一定依據的：一般會以基礎股票的市場價格作為標竿，在基礎股票價格上會溢價發行；溢價的程度越高，轉換成股票的可能性越差，投資者所需要承擔的風險也就越大。因此在股票市場處於平衡的階段，去一級市場上申報購買可轉換債券不一定是最佳的投資策略。這種例子並不少見，可轉債剛一上市就跌破發行價也是證券市場上經常出現的，比如說以前發行的機場可轉換債，在上市之後不久都曾經跌破 96 元以下的位置，使原始債券的持有者被套住，但跌破以後也是理性投資者考慮介入的最佳時機。

轉換股票的策略

對於廣大投資者而言，可轉換債券又提供了一個新的投資品種，同時也多了一條規避風險的管道：

當股市回暖時，可轉換債券的價格會隨市場波動而上升，當出現超出其原有成本價格的時候，債券持有者可已賣出轉債，直接獲

取收益。

　　當股市逐漸走強的時候，或者發行可轉換債券的上市公司業績轉好，其股票價格的成長預期增加時，投資者就可以將可轉換債券按照發行公司的規定轉換成股票，來分享公司業績轉好產生的分紅或者公司股票價格上漲的收益。

　　當股市走向趨弱時，可轉換債券和上市公司發行的股票價格都會下跌，賣出可轉換債券或者將其轉換成股票都不划算時，投資者可選擇繼續保留可轉換債券。

投資問答

問：請問專家，投資可轉換債的最佳時機是什麼，有哪些選擇的竅門？

答：因為可轉換債券具有股票與債券的雙重性質，所以投資可轉換債的同時必須要關注相關聯股票的前景、走勢，以及公司未來的發展方向。這些都會對未來收益造成影響。所以我們在進行投資時應該考慮發債公司的實力以及未來的動態。

　　還要關注大盤的走勢情況，因為這也是可轉換債未來價格影響因素之一。竅門就是合理把握買賣時機，這也是投資市場最重要的手段。

債券到期的承兌風險

　　一般情況下，債券的投資風險要比股票的投資風險小得多，但是不能說投資債券就沒有風險。不同種類的債券隨著時間的推移不斷的推出市場，投資債券的人員也在逐漸的增多，但是很少有人會去考

慮債券的承兌風險，有的人已經完全忽視了兌付風險的存在。因此，投資者應該關注什麼樣的因素會影響到債券的承兌，做到具體問題具體解決。

債券承兌風險的影響因素

1.信用分級

信用分級機構的專家從公正、客觀、獨立的基礎出發對債券發行的主體是否能夠如期、足額償還債務本息能力與意願的客觀評價稱之為債券信用分級。債券信用的等級是反映預期收益的一個重要標誌，同時也為債券投資者提供了一個研究風險的參照。正常情況下，債券發行主體信用分級、債券利率水準及其償付方式是影響債券信用級別的主要因素，債券發生兌付的風險越小，它的信用級別也就越高。

2.債券的擔保機構

債券發行主體為了發行債券方便或增加發行債券的級別就會尋找相關機構如金融機構、擔保公司等為其做信用擔保。所以，債券的主體是否會有擔保機構或者擔保機構的實力情況也是承兌風險的重要影響因素。正常的情況下，有擔保的債券它的承兌風險小於那些沒有機構擔保的債券；金融機構擔保的債券的承兌風險要小於普通企業作擔保的債券。但是，就擔保這件事來說，還要明晰它的擔保期限、擔保的時間等相關因素。

3.發行債券的公司財務狀況

財務狀況指的是債券發行機構的資產負債結構及其流動性的關係，這就能從財務角度反映債券發行機構到期時償還本金支付利息的能力。在關於資產負債結構方面，可參考公司資產負債率指標，它可以真實的反映出資產最明確的對債權人利益的保障程度，債券發行主

體的資產負債率越低，就表明債券發行主體的承兌風險越小；流動性方面同情況下會關注它的流動資產周轉率、流動的速度等量化指標，它真實的反映了債券發行主體在短期的還本付息能力，債券發行機構的流動性越好，對投資者變現越有幫助。

4. 機構的經營情況

經營情況指的是債券的發行人對債券本息的償付來源於債券發行主體透過使用債券募集資金實現的收益，因此債券兌付風險的大小從根本上而言取決於企業的經營情況。企業經營情況的好壞受其所在產業、自身管理能力及創新能力以及人才儲備等多種因素的影響，企業經營情況越好，債券兌付風險發生的機率也越低。

5. 保證償債的措施

① 同階段的銀行儲蓄存款利率。在一般情況下，機構發行的債券利率應該高於同階段銀行儲蓄存款的利率，企業發行的債券利率則高於四分之一以上。我們參照現行的個人收入調節稅的規定，銀行儲蓄存款利息收入是免繳個人收入調節稅的，但是投資企業債券的收入要徵收 20% 的收入調節稅，高於 25% 的企業債券利率在徵收調節稅以後，基本的利率水準與儲蓄利率是持平的。特別注意的是，因為債券到期以後才能展現，靈活性沒有儲蓄存款強，而且企業的信譽遠不如銀行信譽大，債券利率制訂時都需反映出這些來。

② 在一般情況下，債券期限非常短的，利率水準特別低，到期時間很長的，利率就比較高。到期時期限短的債券靈活性比較強，債券能夠及時有效的收回本息，利息的收入還可

以進行再投資，從而能夠獲得較高的實際收益；而那些期限比較長的債券投資者就沒有這種利率待遇，因而必須透過提高利率來彌補損失。

③ 償債保障措施是債券發行人為避免兌付風險的發生，根據自身經營特點和債券兌付期限建立的償債準備機制。常見的償債保障措施如設立償債準備金及專項償債帳戶制度；此外還有在出現兌付危機時的特殊規定，如發行人將不向股東分配利潤，發行人將暫緩重大對外投資、收購兼併等資本性支出專案的實施，發行人將調減或停發董事和高級管理人員的薪資和獎金，發行人主要負責人不得調離等。很明顯，有明確償債保障措施的債券的兌付風險也相對較小。

④ 貨幣市場上債券的發行總量。貨幣市場債券發行總量指的是在某一階段或某一區域的債券發行總數量。在正常情況下，市場債券已經發行總量如果小於社會各階段的認購能力時，新發行債券可以在一定範圍內降低利率；假如出現市場債券已經發行數量大於市場認購能力，又因為投資者的投資範圍的影響，此時，債券的利率就應有所提高，來強化競爭能力。

| 投資問答 |

問：專家您好，我想知道除了這幾個方面，還有什麼原因可以影響債券的償付能力？

答：除了從發行債券的主體考慮以外，還應該從市場的角度進行分析。比如稅收情況，市場上的利率風險。這些都會影響它的兌

付能力，所以我們在進行投資債券時，系統性的風險也是必須注意的。

債券與利率之間的關係

利率與債券是成反比例關係的，市場利率越高，那麼當時的債券價格也就越低。

當市場利率提高時，人們對未來的收益預期較好，期望能夠得到較高的利息收入，這樣就更加熱衷於短期債券的投資，也就是說商業銀行的資金流量也就越大，就能獲得更多的收益。對於長期債券的適用範圍來講，用來做長期投資的產業，比如說保險、基金將獲得較少的投資，造成資金不足。

不得不提的是，當利率上升到一定程度以後，貨幣的供應量就無法滿足社會發展的需求量，中央銀行就會制定寬鬆的貨幣政策，來增加貨幣供應量，利率就會下降。這個時候，理性投資人會更加熱衷於長期投資，比如說長期債券，投資基金，保險產業。這樣一來，短期債券市場的投資額度就會減少，商業銀行的投資數額降低，利潤自然也會下跌。

債券的價值本質

債券的價值就是債券的本金和。因為受到債券市場持續性發行的因素影響，因此，投資者可以假設為在任何時間段都會買到國債，投資者在選擇債券的時候要充分考慮債券的實際收益率是否會被市場認可。

比如說：銀行提高了利息率，因為以前發行的債券利率沒有發

生改變，為了讓市場認可以前發行的債券品種的交易價格，該債券只有透過調高收益率的辦法來適應市場的價值定位，從而有效的穩定市場。（例如說：五年前曾經發行的七年期國債和當年發行的五年期國債，他們到期日基本相同，而到期時國家是按照面額來支付債券本金的，由於五年前發行的七年期國債票面利率較低，所以只能從價格下跌中補償它的實際的收益率，保持新投資者購買這兩種品種獲得的收益率相同）。

結論：當利率出現上漲時，一般固定利息債券的價格就會下降。

也有一些特別的債券：浮動利息債券，因為債券的利率隨市場變化而增加或減少利息，因此，加息的情況下，浮動利息債券的價格不一定下降。

債券價格的決定因素：

(1) 債券的期望收益值，可以依據票面金額、票面利率和期限來計算；

(2) 債券的等待償付期，從債券發行日或交易日至債券到期日止；

(3) 市場收益率，其他金融資產的市場利率。

債券的交易價格與市場利率之間成反比例關係，假如市場利率上升，那麼債券價格就會下降；與之相反，市場利率出現下降，債券價格就會上升。

在介紹二者的關係的時候，我們應該了解投資者在債券市場獲利的原理。比如說投資者購買一份 8 年的政府債券，就等同於借出金錢給政府達八年之久。在今後八年裡，政府會定期依據票面上的利息率支付利息給投資者，並於支付最後一期利息時償還本金。假如說債券

投資者一直持有到到期日，期間的利息是定期支付的，到期時才能收回票面價值的現金。如果投資者在債券到期之前賣出債券，就可以按照當時的債券價格獲利。

債券價格受市場供需影響比較大。一般情況下，當利率未來的收益會下降時，債券價格就會上升，這是因為有更多投資者會選擇用手頭現金購買債券來獲得固定的票面利息。在這種情況下，投資者便可以獲得利息，還可賣出獲得價差。所以，當投資者預期的利率的長期走勢是下跌的，就可以考慮增加對債券的投資。

| 投資問答 |

問：請問專家，如果市場上的利率預期是下跌的，我們如何操作？怎樣才能更加穩固？股票市場對其是否有影響？

答：假如說投資者在預期利率在一段時間後會下跌，便可以計畫累積或增加債券投資的比例。在現實生活中，由於債券市場與股票市場關聯性很小，將一定數額的資產投資在債券市場中將有助於分散風險，使投資者的投資組合的整體報酬更加穩定。

特別注意的是可轉換債券，因為其特殊的條件，或多或少會受到股票波動對個別可裝換債的影響。所以投資者在投資可轉換債的時候，應該考慮股票對其的影響。

證券寵兒「可轉換」的利用方法

可轉換債券指的是持有者可以在一定期限內可以按照一定的比例裝換成為股票，也可以是做長期股票投資中的看漲期權。

可轉換債券的發行者的意義

節約了發行的費用在這種情況下，債券的利率要低於同產業或銀行的利息，大大的節約了籌集所需花費的資金；吸引機構投資者，能夠有效的促進企業良好的投資基礎。

對於投資者的好處

在一定的時間範圍內，有效的規避了風險，而且還增加了未來潛在收益的可能性。

可轉換債券的基本特點：

1. 是可以認購股權的憑證，同時擁有股票、債券兩個性質。

2. 雙向選擇的特徵：持有可裝換債券的認具有是否決定轉換的權利；發行公司具有到期贖回的權利。

3. 期限劃分

   有效期限：債券發行人到還本付息日。

   轉換期限：轉換的開始期到停止轉換期。

   按照國家的有關規定。可轉換公司債的最短期限為 1 年，最長為 6 年，發行後 6 個月就可轉換成為上市公司股票。

4. 利率的高低由債券的發行人透過對現有的市場利率水準以及公司債券資信等級和有關條款確定的。

5. 贖回指的是債券的發行人提前贖市場上還沒有到期的可轉換債券。先決條件是公司股票價格不斷上漲持續高於可轉換債券的價格。

6. 回售指的是公司的股票價格在一段時間內持續低於轉換價格

到達一定階段，可轉債的持有者會按事先的約定價格賣給發行公司。

轉換債券的價值和價格

1. 可轉換證券的價值

可轉換債券指的是持有者可以在一定期限內可以按照一定的比例轉換成為股票，具有債券和股票的雙重性質。我們所說的可轉換證券的價值有兩種，一種是理論價值另外一種是轉換價值。

（1）可轉換債的理論價值

可轉換證券的理論價值是指在不具有轉換權力下同等水準的相關價值。在測算可轉換債的理論價值的時候，必須去測算那些與之有同等資信和類似投資特的普通債券的固定收益率，透過這個收益率而算出未來到期的收益。

（2）轉換價值

也就是債券轉換成股票的收益價值，轉化成為股票以後的現金價值與轉換比率的乘積就是可轉債的轉換價值，如：

轉換價值＝普通股票市場價值 × 轉換比率

在公式中：轉換比率就是每一份債券轉化成為股票的比例率

2. 轉換債券的實際價格

可轉換債券的實際轉換價格實在可轉換理論價值與轉化價值的基礎之上。如比如說實際價值在理論價值以下，表明這個債券被低估了，這是非常明顯的；也就是買入可轉換證券價格在轉換價值之下的時候裡轉換成為股票就會獲利，這樣就間接的刺激了證券價格的上漲直到趨於轉換價值。為了讓投資者更明確，了解一下轉換平價這個概念。

(1) 轉換平價

轉換平價是指在可轉換期限內債券可以轉換成每個股票的價格，除一些特殊情況以外，比如說送股、發放新股、派息、股份的合併拆解，以及公司的收購、兼併等情況下，轉換的價格一般的情況是不調整的。前面我們所說的轉換比率，從本質上說就是轉換價格的另一種表示方式。

轉換平價＝可轉換證券的市場價格／轉換比率

轉換平價是一個非常重的參考值，因為一旦交易中的股票價格上漲到可以轉換平價水準，每一次的股價上漲就會使可轉換證券的價值有所提升。因此，在看可裝換債券盈虧的時非常見效。

｜投資問答｜

問：您好，專家！我想了解一下哪種情況會讓債券損失，這種損失會經常發生嗎？

答：您好，關於債券的損失問題，非常重要因為可轉換債券的價格波動與股市密相連。這是關係到投資者盈利的關鍵問題。蒙受損失的情況一般分為兩種；一種是因為股市的持續低迷，轉換成為股票不能收益，而往往轉換債的利息又沒有市場上的利息率高，導致了在利息上的損失，建議投資者這時可繼續持有可裝換等待時機。

另外一種損失來源於於債券的發行主體，因為企業的經營也是有風險的，持有者手中的債券因為發行主體的原因可能早收利息損失甚至本金的損失。

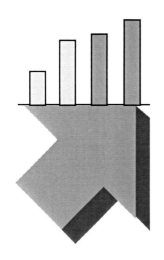

第 7 章 基金：
低風險、高收益

基金新手的注意事項

　　基金作為一種比較基本的投資工具，一些不太善於投資的人士帶來了能夠進行資本運作的機會。在投資之間，我們應該了解一下怎樣開立和操作。

　　第一步，閱讀相關說明。

　　投資者進行投資之前，必須認真閱讀基金招募的相關說明。然後了解一下相關的開戶流程。要對基金的投資目標、投資策略、投資方向、基金管理人業績水準以及開戶需要的條件、交易的具體規則等重要資訊，對於基金購買涉及什麼樣的風險、收益的利率是多少應該有一個總體的評估側率，以此作為依據。基金的相關資料可以在網上進行查閱，及時規避風險。

　　第二步，開立基金帳戶。

　　投資開放式基金的投資者首先應該開立基金帳戶。根據有關的規定，在基金開立合約上應該明確基金帳戶的開立條件、具體的操作程序予以明示，還要在基金網站張貼便於查詢。

　　第三步，買入基金。

　　我們把買入基金稱為對基金的認購，認購在經濟學上指的是在開放式基金募集的期間內，投資者購買基金公司的過程。一般情況下，認購基金的價格包括基金公司面額和銷售基金的費用。投資者認購基金需要填寫認購相關基金的申請表，繳納一定的基金認購款，然後由註冊登記機構為其辦理有關手續並確認認購。

　　申購指的是在基金成立以後投資者向管理基金的機構申請購買基金的過程。

　　投資人在申購基金時必須填寫申購申請書，繳納申購款項。款額

一旦交付，就表明申購申請發生了效用。以基金公司資產淨值為基礎計算申購基金公司的數量。具體計算方法應該符合有關監管部門的規定要求，並在基金合約中明確寫出。

第四步，賣出基金。

投資人賣出基金，也就是說把自己手中的基金公司按照一定價格賣給基金管理人變現，獲得現金，我們也將其叫做贖回。賣出即贖回的金額是按照當日的公司基金資產淨值為標準而計算的。

投資人賣出基金的時候也應該到基金銷售機構填寫贖回申請書。按照的有關規定，基金管理人應該在當收到基金投資人贖回申請書生效達到三個工作日內對基金贖回的有效性進行確認，並應當在收到基金回購申請書七個工作日以內，支付贖回的資金。

特別注意的是，對於開放式基金來將出來買基金賺取差價以外，還可以向基金銷售機構辦理基金轉換、紅利再投資等業務。

第五步，申請基金轉換。

在出現一家基金管理公司同時管理多支開放式基金的時候，基金的投資者可以將手中的資金轉成利益另一檔基金。也就是說，投資人賣出一檔基金的同時也可以買入另一檔基金但前提是屬於一家基金管理公司。基金轉換費用非常低廉，甚至有的基金不收取轉換費。

第六步，非交易過戶。

由於人們在繼承、贈與、破產支付等無交易記錄的情況下造成了的基金公司所有權轉移的過程叫做非交易過戶。非交易過戶不是簡單的交付還要到基金銷售機構辦理。

第七步，紅利再投資。

將基金的分紅再次投入到基金的購買或者直接轉換為基金的過

程。由於紅利再投資沒有發生現金流出的現象，所以說，紅利的再投資不存在申購費用的問題。

| 投資問答 |

問：請問專家，我對基金的理解不是特別的清楚，我總覺得基金和股票沒有什麼區別您能告訴我基金的獲利方法是什麼，以及它與股票有什麼關聯？

答：你好，基金簡單的來說，就是將資金集合起來做金融產品的投資。我們每個人手裡的資金是非常有限的，自己單一投資的費用比較大，而且相對承擔風險的機率也比較大。為了分散風險，增加投資的收益率我們就可以選擇基金的方式進行理財。因為我們的投資知識非常有限，如果作為基金投資的話，有專業的理財投資的管理人員進行操作獲得利潤的機會也就大大的提高了。但是由於它的產生是依附於金融市場的，所以相對承擔的系統性風險也比較大。基金的收益會減少甚至受到損失。

剛才提及關於股票的區別，區別就是基金可以作為一種投資載體，可以進行股票的買賣，透過資金組合來優化投資。然而股票是把資金轉換成為上市公司的股票，這也說投資者承擔了公司的經營風險。但是基金管理人的失誤也會造成基金持有者的損失。

挑選基金的基本技巧

通常情況下，我們把基金作為一種長期的投資方式。所以我們在進行持有的過程中，不應該只持有一檔基金，我們應該按照多種基金組合的方式進行投資。我們選擇基金的時候有應該學習一下選擇技巧

第一，基金管理者的投資能力。

如果出現了一個獲利的機會，能否抓住投資的最佳時機，基金管理者怎樣進行優化組合，對於市場的績優股能否合理把握，基金經理應該具備選股能力和對經濟趨勢的觀察能力。還需要特別注意的是，基金管理者是否還存在管理其他基金的情況，一般情況下，一位基金經理管理多檔基金的時候，可能會出現交叉持股的情況。

第二，具備一定的相關投資知識，適當的選擇產業基金。

比如鋼鐵產業、出口企業等等，隨著市場上產業基金數量增加，這類基金由於有自己的投資範圍，遭受風險的程度也就降低了。

第三，同一個基金管理公司的其他基金的走勢。

如果一個基金管理公司管理的多個基金業績表現都非常的優良，投資者就可以考慮申購這個基金管理公司的新基金，這也對我們研究判斷基金管理公司是一個重要保障。一般情況下，信譽良好、規模大的基金公司比較重視基金管理者的個人發揮。

第四，認購基金強於申購基金。

有一位著名的理財分析師說過，同一檔基金在發行時認購的費率和正處於封閉階段的申購區別非常大，一般情況下申購的費率要比認購的費率高。

第五，是在線上訂購基金會享受手續費的折扣。

現在很多銀行為了快捷方便推出了線上認購基金，而且銀行對線上基金的交易給予優惠，比如說在線上自助開立基金帳戶享受免費的優惠，在線上操作基金時還會有手續費的折扣。

第六，巧用基金轉換業務。

市場上那些實力雄厚、規模比較大的基金公司都會辦理基金轉換

業務，而且轉換費用較低甚至不收轉讓費。在經濟出現震盪的時期，投資者把風險大的基金類型轉成風險小的基金類型，不僅能夠有效的規避市場風險，而且能夠節省花費。

還有一些情況是需要投資者特別注意的，預判是否應該購買基金應該看兩個內容：

第一，基金管理團隊的投資效益是否良好並且內部人員比較穩定；第二，未來市場表現良好的機率。如果當這兩個內容出現變化，可能就需要作出調整。特別應該注意的是，基金定投這種方式可以是一種克服心理弱點的好方式，有規律的操作可以規避市場的風險，獲得不錯的收益。

基金適合長期的投資而不是說持有一檔基金不變，投資基金應該按照需要而安排。業內人士說，購買基金就是對經濟管理者能力的投資，但是如果出現這三種情況不易做長期投資：一是基金經理能力不夠，投資潛力不大；二是基金管理者的投資風格變化少，只能接受一種市場環境，長期的投資狀態不良；第三，基金管理公司的內部變化幅度大、基金管理者變動等因素都會直接影響基金投資的業績，導致基金的管理者做出調整。

隨著現在資本市場的飛速發展，對於投資基金而言，長期持有不是做好的選擇。但是，調換基金不等於短線操作，相對來說，基金還是一個長期性的投資工具，而且不斷的調換基金交易成本也比較高。

│ 投資問答 │

問：請問專家，基金的投資類型比較多，像我們這種風險承受能力比較弱的人，適合投資什麼樣的投資品種呢？

答：基金的種類多種多樣。比如說保本型的基金、養老型的基金、股

票型的基金、債券型的基金。根據抗風險能力的不同，基金的風險類別也不相同。作為一個風險偏好比較小的投資者來說，比較適合保本型的基金，這種基金的優點就在於安全風險小收益穩定，但是相對而言，沒有股票型基金的利潤高。還要說明的是有的基金是按照一定的風險級別組合而成的，風險適中且獲利較為豐厚。

適婚女性如何買基金

可以這樣的說，有一半以上的八年級都已經步入婚姻殿堂了，這個階段的理財目標是了婚姻家庭生活日而制定的。雖然單身階段的收入比較低而且花費比較大，但是這個時候也是制定理財計畫的關鍵時期。所以說可能現在很少的投資報酬可能會對未來就是一筆不小的收入。

馬小姐今年三十歲，大學畢業已經有 6 年，這 6 年一直在外商上班，現在是公司文祕，還是單身。月收入 35,000 元，收入相對比較穩定，公司為其繳納了勞健保。馬小姐每月需要支出：房租 9,000 元，生活費 8,000 元，手機話費 1,400 元，與朋友吃喝 2,000 元，給父母寄去 5,000 元的孝親費，其他意外的支出是 2,000 元左右，年底另有 40,000 元左右的年終獎金。馬小姐理財計畫是購置一套房，預計需要 500 萬元。

經過對馬小姐的日常收入支出可以發現，在未來的 10 年中，馬小姐和她的家人可能會面臨的家庭狀況包括：

購置房產、結婚：由於住房貸款、裝修房屋和舉辦婚禮的費用都不少，所以馬小姐暫時沒有購車的打算。

贍養父母：馬小姐的父親將於三年後退休，她打算每個月給予 5,000 元作為贍養費。但隨著年紀的增加，可能會出現生病的情況，所以，馬小姐在每月支付贍養費的同時，還需考慮到醫療費用的因素。

養育孩子：馬小姐打算在三十三歲左右生孩子，這樣的安排基本上和父母退休的時間相吻合，這就解決了孩子的照顧問題。

從近期馬小姐的計畫看，馬小姐最大的負擔就是購買房屋。按照銀行現行個人中古屋按揭貸款的規定，馬小姐需支付最低頭期款 150 萬。以馬小姐目前個人累計的資產來看，與繳納頭期款還差一段距離，建議可以和將來的丈夫以及雙方父母共同準備。

對於馬小姐來說，現在最重要的應是以儲蓄為主，應該把存款的比重逐漸增加，有目標的存頭期款，有規劃的安排自己的收入和支出，養成適合自己的消費習慣，每月盡量減少交際費用和沒有意義的開支。同時多關注力理財的知識，拿出小份額的資金進行較高風險的投資，在累積投資經驗的時候還可以賺取一定的利潤。還需要注意的是，還必須存下一筆錢，一是準備將來結婚生子，二是為以後的投資累積資金。

在投資方面，考慮到馬小姐的投資經驗可以說沒有，所以不建議她進行例如：股票、外匯買賣等需要專業知識的投資品種。但是馬小姐可以考慮投資到收益相對較高、免所得稅的理財品種，比如說，基金。

投資基金的定義是一種利益共用、風險公擔的集合投資方式，也就是說基金管理公司透過發行基金公司，籌措吸納投資者的資金，由基金託管人來託管，透過基金管理人的管理和運用資金，從事在資本

市場上的股票、債券、外匯、貨幣等金融工具投資，最終達到投資收益和資本增值。對於像馬小姐這樣不太熟投資市場的，而且沒有時間經常去關注經濟發展走向的投資者來說，投資基金是最好不過了。

我們所說的開放式基金，是指基金規模是隨時根據市場供需情況發行新份額或被投資人贖回而不是固定不變的投資基金。開放式基金可以透過銀行申購和贖回而不上市交易。相對於閉合式基金來說，開放式基金的流動程度、受約束等比較占據優勢，並且開放式基金比封閉式基金更加安全，收益更加穩定。

投資建議：馬小姐拿出四成到一半的資金投資開放式基金，一兩年以後可能有住房的需要，所以，馬小姐選擇投資風險偏低、收益穩定的一些基金品種。還要注明一點，可將股票類基金、組合型基金、債券型基金按一定的比例配置，這部分基金的年收益率將在 5% ～ 10% 左右。

馬小姐還可以考慮銀行推出的理財產品，因為銀行理財產品相對於基金投資風險更小，可以分散基金投資風險，但應注意現在銀行理財產品的起購點比較高，最低也需要 10 萬元。

投資問答

問：專家您好，我是一個比較懶的二十幾歲男子，我想了解的是投資開放式基金會不會很麻煩呢？

答：您好，基金的發行有專門的基金管埋人對基金進行管理，省去了個別投資者在操作的困擾。專家會把你剩下的問題例如：選擇哪種類型的股票，適宜的買入時間，計算收益等基金管理著都會一一進行安排。現在要說的是，現在賒購贖回基金也相當方便，可以直接透過銀行進行，手續簡單。你在省時省力的同時，還可

以得到收益和分紅可以說是一項最適合「懶人」的投資方式。

把握好買基金的最佳時機

　　股票投資的要點是在選股時機和所選的股票，但是很難把握這個契合點。基金的選擇與股票投資有相同之處，選擇合適的基金比較容易，在這方面，選擇基金的時機顯然更重要一些，買入賣出的適時出手有很大的學問。

1. 讀懂基金申購的原則

　　基金投資比較適宜做長期投資，我們從長遠的角度來看，短期市場上的波動只不過是長期趨勢線的細微的變化而已，挑選一個信用良好的、收入比較穩定，投資的期限長一些，比如三至五年，一定有所收穫。透過調查研究發現，每次從最高的價位進倉與每次都在最低的價位進倉，從長期的角度看，兩者的報酬率相差不到 12%。

(1) 注意基金優惠、免手續費的規律

　　在現在的行情下，基金公司在發行基金份額的時候，為了吸引資金的注意，一般會採取打折優惠的原則。讓我們特別關注的是，在一系列行銷活動中，基金公司一般會選擇那些業績實力比較好的基金，還能享受到打折優惠也是一舉兩得的。

(2) 經濟週期與買入契機

　　經濟發展都有其必然循環規律，一個經濟週期包括衰敗、復甦、發展、膨脹這幾個階段。在正常情況下，在經濟週期衰退到一定程度就會逐漸復甦，在這個階段投資股票型基金最為合適。當明確知道經濟處於低潮的時候，應該增加債券基金這些低風險基金的比重；如

果經濟週期逐漸的復甦，應該加大股票型基金的投入。當經濟運行速度逐漸趨於緩慢，要不斷賣出手中的基金，轉換成為收益穩定的基金產品。

(3) 基金的發行狀況

股市往往在運行快速的時候掉頭，在頹廢中興起。當平時不接觸股票的人開始談論股票獲利的時候，彷彿所有的人進行股票投資的時候，離股市的頂點就不遠了。與此相反的是，當投資者紛紛退出股市的時候，大盤可能就會出現反彈。事實上，判斷股票市場的強弱，從基金募集的強弱就可以看出一些跡象。歷史週期表明，募集工作比較好的基金一般的表現不是很突出，募集效果不好的基金收益情況卻很使人喜愛。這是因為投資者總是追漲怕跌，害怕進入市場較弱的基金。

2. 掌握賣出基金的時機

只有在賣出基金獲得利潤的時候才能確定基金的好壞。賣掉基金與賣掉股票有相同之處，賣掉基金以後可能它的淨收益還會成長，找一個恰當賣出的機會不是很容易做到的。但我們不難發現，只要遵循我們學習過的原理，也可能在最接近頂部的時候賣出，實現較好的收益。

(1) 基金管理著出現經營問題，應當立即贖回。

基金管理者與投資基金的人士所追求利益有所區別，這樣就無法避免基金投資者承受道德風險。比如說投資者發現基金管者利用自己資金作為輸出資本的工具，也就是說，基金管理人為了謀求特殊利益，損害了投資人的權益，投資人應該贖回，不要再貪圖難以獲得的利益。

(2) 賣出業績不良的基金

基金投資的方式與股票投資的方式有所區別，比較適合長期的投資，投資者可以容忍短暫的業績狀態差，如果說這個基金已經連續有三個月或是半年的虧損，投資者又持有一年以上它的業績還是沒有什麼變化，應該堅定的賣出，兌換成那些業績優秀、表現很穩定的機構。雖然以前的業績不能說明什麼，但是一般來說，基金的穩定性還是有長期效用的。

(3) 低買高賣，及時補倉及時出手

因為經濟市場的多樣性原因，股票市場的運行不能十分準確反映經濟運行的週期。但是，我們也可以發現，隨著基金市場的壯大發展投資基金的方式越來越多的被人所接受，再加上經濟制度的變化和國際經濟情況的變化，證券市場的有效性在不斷的完善。投資者在研究股票市場的走勢還有個別股票的選擇標準上逐漸趨於統一，在相同或者相近市場指標的引導下，做出的預測具有很高的趨同性。

(4) 考慮基金的費率規定，選擇合適的贖回時機

基金管理人在募集資金招攬投資者的時候，宣導基金的長期投資理念，設定了不同基金的費率區別。比如說投資者持有半年以上，贖回費率減半或者全免。所以在賣出基金的時，要清楚相關贖回費率的規定。

投資問答

問：請問專家，透過對基金投資的認識。我感覺是否基金的收益與股市趨向相同，在股市行情好的狀態下，基金的行情大漲，是否購買基金與股市的走勢是否相一致？

答：在基金市場有這種說法，但是不是特別準確，股市作為經濟的晴

雨表，能夠充分的表現市場當中的變化，但是不能代表所有基金的行情。基金的類型多種多樣，除了股票型的以外還有債券型的、綜合型的。這些基金種類投資的項目可能是債券、可轉換債等，相對受到的影響比較小。

基金淨值的計算方法

對於大多數投資者來說，基金淨值的波動必然是關鍵問題，因為開放式基金的利潤狀況主要就展現在基金淨值上，而市場上的封閉式基金的收益僅關注淨值變化是不行的，還要看封閉式基金在二級市場上的市值。

基金的公司淨值和累計淨值

基金如何計算淨值呢？從理論上講，我們所說的基金資產淨值指的是在某一基金估值時點上，按照市場上的公允價格來計算的基金資產的總市值扣除負債後的餘額，該餘額是基金公司持有人的權益。按照公允價格基金資產的過程就是基金的估值。基金的估值存在一定的偏差。

公司基金資產淨值，即每一基金公司代表的基金資產的淨值。公司基金資產淨值計算的公式為：公司基金資產淨值＝（總資產－總負債）／基金公司總數

在這裡面，總資產指的是基金所包含的所有資產（包括股票、債券、銀行存款和其他有價證券等）按照公允價格計算的資產總額。總負債是指基金運作及融資時所形成的負債，包括給付別人的各項費用，應該負責的資金利息等。基金公司總數指的是當時發行在外的基

金公司的總量。

除此以外，要注意的是，累計公司淨值和公司淨值的定義並不是完全一樣的。累計公司淨值的公式是：

累計公司淨值＝公司淨值＋基金成立後累計公司派息金額

因而，成立的時間越長，從理論的角度看，累計公司淨值可能也就越高。

基金估值的原則

計算公司基金資產淨值的關鍵是進行基金估值。基金一般都是分散投資於資本市場的各種投資工具，如期貨、股票等，由於這些資產的市場價格會隨著市場波動而變化，所以，只有每日對公司基金資產淨值重新計算，才能及時有效的反映基金是否存在投資價值。

特別需要注意的是，基金淨值的多少與選擇基金上關聯不是特別大，基金淨值未來成長發展的趨勢才是判斷投資價值的重要因素。

由於開放式基金每天按交付進行申購和贖回，因而開放式基金的淨值一天將會發布一次。而封閉式基金不能夠在市場申購和贖回，只能作為上市交易的參考，公布淨值的時間為一週一次。封閉式基金的成交價格是買賣行為發生時已經明確的市場價格；與它不相同的是，開放式基金的基金公司交易價格是由於申購、贖回行為發生時還沒有確知的公司基金資產淨值。

基金公司淨值的計算主要有兩種方法：

(1) **已知價計算法指的是前一個交易日的收盤價。**已知價計算法的操縱方法是基金管理人根據上一個交易日的收盤價來計算基金所擁有的金融資產，包括股指合約、債券、股票、認股權證等的總價值，加上現金價值，然後比上已發售的基金公

司的數量，得出的就是每個基金公司的資產淨值。假如採用這種已知價計算法，投資者在購買時就可以知道公司基金的買賣價格，使之能夠有效的進行交割買賣。

(2) **未知價計算法**。未知價又叫做貨價，指的是當日資本市場上各種金融資產的收盤時候的價格，也就是說基金管理者按照當日收盤價來核算基金公司資產淨值。在進行這種計算方法的時候，投資者不知曉自己買入或賣出的價格，要在第二天核算過才知道公司基金的價格是多少。

| 投資問答 |

問：請問專家，基金有開放式和封閉式兩種，我們應該如何選擇呢？

答：這兩種都可以使用在投資過程中，都有其優缺點，一般大家比較認可的開放式基金，因為它的流動性比較強，流動性強的優點就是保證資本的優化配置調整，能夠對市場預期做出及時的調整，而且功能廣泛，這樣更加有利於我們把基金轉換成為其他在同一基金公司的基金，能夠對市場風險有一個良好的防範功能。比較封閉式的到期贖回的方式更加的靈活。

如何進行基金投資組合

FOF 式基金

有很多對於基金不是特別了解的投資者，面對市場上花樣翻新的基金，難免會覺得煩惱，這時不如考慮一下 FOF 式基金。

FoF（Fund of Fund），意思很明確，指的是基金中的基金，它是投資專案是投資於其他投資基金的基金，可以幫助投資人一次持有

多種基金，透過基金專家重複精選基金，這樣可以有效降低投資基金的風險。

　　FoF 式基金的收益率通常比較高，同時它的補償機制是別的基金所沒有的。一方面，FoF 將多檔基金組合在一起，投資 FoF 就相當於投資多檔基金，但比各自投資基金的費用減少了不少；另一方面，此類基金的銷售方式比較特殊，FoF 完全採用基金的法律形式，按照基金的運作模式進行操作；FoF 的投資策略一般都是長期的，所以說它是一種比較適合長期投資的投資方式

　　FoF 式基金是透過對基金的組合投資，基本上降低了投資基金的風險。非常適合偏好較低風險的三十幾歲的人。

基金公司的基金組合

　　現在基金公司一般都會推出了不同種類的基金組合，每個組合內都包含幾種不同的基金類型。

　　比如說某基金公司推出的基金優選組合，這種組合不僅對股票型基金和債券型基金做了合理配置，而且根據投資者的風險承受能力，制定了兩款不同的優選組合計。其中，第一個基金組合是由該公司的生活混合型基金（占組合比例的 70%）其收益債券型基金（占組合比例的 30%）組成，屬中等風險收益的水準，較為適合穩健型投資者；而第二個是在第一個組合的基礎上增加了該基金公司的紅利股票型基金的配置（組合比例為精緻生活基金 40%、紅利股票精選基金 30% 及優化收益債券型基金 30%），提高了風險收益等級。投資者可根據自身的實際而挑選適合的種類。

掌握基金組合的四個關鍵特性

一、多樣性

投資基金組合指的產品累積不能簡單，形式不應過於單一化。投資者不應該簡單的在同一類型基金產品中進行優選，而應該進行多種方式的組合，除了將不同類型資產進行組合外，還需要購入保本型的基金防範風險，既能獲利又能防範風險，最終可以達到分散投資風險的目的。

二、靈活性

投資基金組合的配置方式不是固定的，投資者不能用靜態的觀念去看待基金產品的淨值變化，而是應該根據基金各類產品的盈餘虧損狀況，合理的做出相對的調動。還要注意的是，這種調整不是跟風盲目的，還應注重自己的投資目標和策略。

三、穩定性

基金組合的關鍵就在於保持充分穩定性，既不能在不同類型基金產品中來回買入賣出，也不可以隨意的變換組合的重點，導致自身的投資風格和策略的改變，背離了當初自己的投資目標和計畫。

四、持續性

投資者選擇哪種基金組合方式的最終要求是為了追求基金組合收益的最大化。因此，堅持基金組合的長期性和持續性對於投資者構建投資組合有著非常重要的作用。作為投資者來講應該具有長期投資的觀念。

| 投資問答 |

問：請問專家，我們在挑選基金的時候，是應該看重累計淨值還是基
　　金淨值？

答：你好，一般情況下淨值和累計淨值都比較重要。基金的淨值是指你所買的基金現在每股的價值，而累計淨值是包括你所買的基金現在的市場價值和每股基金累計紅利二者加到一起的價值。簡單的說，累計淨值所展現的是歷史的收益狀況而淨值所展現的是現在的收益情況，所以這兩點要並重，都不能忽略。

保本型基金的優點

股票市場的震盪是時常發生的事情，面對動盪起伏的股市，二十幾歲的投資者應該能夠充分準備；而對於三十幾歲的投資者來說，保證本金不受損失，反而能獲得收益。不如嘗試一下投資保本型基金吧，它可以滿足你在經濟上收益的需求。

保本型基金，就是保證本金不受損失，以保證本基金和獲得利潤為目標的基金。無論是市場上的漲跌，保本型基金的經營都不會讓日常生活受到影響。我們做了一個比較，保本型基金具有如下特點：

本金有保障

保本型基金最具特點的就是讓基金持有者的基金到期本金不受損失的保證。所以，投資這種基金對風險承受能力弱的投資者更加保險。也正是因為這個特點，使得這種基金的投資風險明顯比其他基金的風險低，特別適合承受不住風險的投資者，但又希望能夠在資本市場上能夠獲得利潤。

增值潛力大

保本型基金與國債投資相比，獲利的空間更大。因為保本型基金在保證投資者本金安全的同時，還投資各類金融產品保證收益，所以

說增值的空間非常大。

半封閉性

保本型的基金都會有一定期限的保本期，基金的持有者只有在基金認購階段買入的基金，才可以具有保本的權利；保本期以內賣出是不會享受保本的待遇，投資者不僅要自己承擔基金淨值波動的風險，而且還可能花費較高的贖回費用。保本型基金的這個特性可以使中長期投資為目標的投資人有一個保證。

我們從保本型基金的特點可以發現，保本型基金的投資風險非常低。還需要注意的是，風險低並不意味著投資者就可以高枕無憂了。在投資保本型基金的時候，還應注意以下的問題：

第一，保本型基金保本金不承諾利潤

保本型基金的主要保證的是本金的安全而不是保證盈利，它不能保證基金一定會盈利，也不界定最低的收益率。所以，投資保本型基金的風險就在於保本到期日只可以收回本金，或者是未到保本到期贖回花費的費用。特別還要說明的是，保本型基金對於本金的保護還是有區別，將按照各基金的風險類型有的保本型基金承諾保證的金額可能還會低於本金，機器如說保證本金的 95%，有的可以是相等或者高於本金的數目。

第二，保本型基金的期限規定

與銀行保本型產品相同之處是，保本型基金也有一個固定的保本期限。只能在保本期結束之後還可以贖回，保本型基金才可以向投資者提供全額或者更高保證的基金。所以說，投資者如果到達到期日，收回本金也並不困難；如果基金操作獲利的話，基金投資者還有可能得到一定的收益。

第三，保本型基金贖回比較困難

由於保本型基金都設有定期贖回的制度。保本型基金的基礎保本期限是針對投資保本型基金的持有人來說的。假如投資子者想提前贖回本金，保本型的基金將不再提供本金本金保障，只能按照市場上的基金淨值來贖回所占份額，特別是贖回還會發生一定的費用。

整體來說，比較其他基金投資，保本型基金可以說是最安全的基金投資了。但是三十幾歲的投資者在投資保本型基金之前，還應認真的閱讀辦理申購保本型基金的有關規定。此外，還可將風險程度不同的金融產品進行組合，不僅可以使資金穩固，還可以獲得更高的收益。

| 投資問答 |

問：我在買基金時，選擇哪種方式更好呢，購買時，還是贖回時？

答：應該選擇贖回收費方式。基金管理公司在發行和贖回基金時均要向投資者收取一定的費用，其收費模式主要有購買時和贖回時收費兩種。購買時收費是在購買時收取費用，後端收費則是贖回時再支付費用。在贖回時模式下，持有基金的年限越長，收費率就越低，一般是每年按一定的速度遞減，可能到最後不發生手續費率。所以，假如你想長期持有該基金時，選擇贖回收費方式更加有利於降低投資成本。

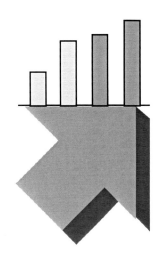

第 8 章 股票：
鍛鍊你的投資強心臟

熟悉股票的相關知識

　　隨著經濟的逐漸發展，越來越多的人參與股市投資，股市投資已經成為一種重要的理財工具。三十幾歲的年輕人追逐新鮮的感覺越來越重要，股市的風險性和高報酬對他們有著非常大的誘惑，越來越多的年輕人開始進行股票投資。

　　我們不能忽視的是，股市的風險是十分巨大的，高報酬的情況總是攜帶者高風險。對於剛剛步入社會的年輕人來說，在社會經驗和風險心理承受能力都比較弱，盡量不要去炒股。如果特別想要嘗試一下，一定要做好充足的準備工作，有目的的學習股票操作的相關知識，了解炒股的基本常識，這樣你才有可能在股市中有所收穫。

股票的真正意義

　　股票是一種有價證券，是股份公司在籌集資本時向出資人公開或私下發行的、用以證明出資人的股本身分和權利，並根據持有人所持有的股份數享有權益和承擔義務的憑證。

　　例如：你買了某檔股票，你就成為該股票的股東之一；如果你買了該公司很多股票，你的觀點可以影響到公司的決策，那麼你可以被稱為大股東，要麼就是民眾。炒股要麼透過買賣價差進行營利，要麼就等升值或股票的紅利。

股票的特徵

　　股票具有穩定性。從時間上看，股票的期限就是公司存在的期限，也就是說只要公司存在，那麼股票必然存在。股票一旦買入，持股人不得退買，只能在股票交易市場賣給股民或機構。股票轉讓只是

名義上股東的變化，不會影響到公司的變化。

　　股票的風險比較大。股票是一種高風險的投資工具。股票的價格影響因素比較多，比如說公司的經營狀況的好壞、供需關係的變化、銀行利率調整、投資者的心理預期，所以股價總是在不斷波動中。股票價格的變化雖然不會干擾上市公司的營業水準，導致股息和紅利的變動，但是它的降價會使投資者因貶值或降價而造成損失。

　　股票的權利與義務。股東的權利有出席股東大會，選舉公司董事會，參與公司重大決策。我們要注意的是，權利的比重因占股比例不同而不同。從現實當中看，只要股東持有的股票數量占到一定數量以後就可以拿到控股權。

　　股票可以自由買賣。股票的流通性是指股票在不同投資者之間的可交易性。可流通股數越多，成交量也就越大，價格對成交量越敏感，股票的流通性就越差，反之則越好。正是因為股票的流通性很強，才使股票的發展得以順利壯大起來。

學習股票的專業術語

- **開盤價**：指每天成交中最先的一筆成交的價格。
- **收盤價**：指每天成交中最後的一筆股票的價格，也就是收盤價格。
- **最低價**：指當天成交的不同價格中最低成交價格。
- **成交數量**：指當天成交的股票數量。
- **成交額**：指當天每種股票成交的價格總額。
- **最高價**：指當天股票成交的各種不同價格是最高的成交價格。
- **升高盤**：是指開盤價比前一天收盤價高出許多。
- **開低盤**：是指開盤價比前一天收盤價低出許多。

- **換手率**：也稱「周轉率」，指在一定時間內市場中股票轉手買賣的頻率，是反映股票流通性強弱的指標之一。
- **本益比**：在一個考察期（通常為十二個月的時間）內，股票的價格和每股收益的比例。投資者通常利用該比例值估量某股票的投資價值，或者用該指標在不同公司的股票之間進行比較。
- **配股**：公司發行新股時，按股東所有人參份數，以特價（低於市價）分配給股東認購。
- **成交量**：指一個時間公司內對某項交易成交的數量。一般情況下，成交量大且價格上漲的股票，趨勢向好。成交量持續低迷時，一般出現在熊市或股票整理階段，市場交投不活躍。成交量是判斷股票走勢的重要依據，對分析主力行為提供了重要的依據。

普通股與特別股

按照股東的權利，可以把股票分為普通股和特別股。

普通股指的是股份有限公司最重要、最基本的一種股份，它是構成股份公司資本的基礎，也是風險最大的一種股份。

特別股是指股份有限公司在籌集資本時給予認購者某些優先條件的股票。

投資問答

問：專家您好，請問我選定了一檔股票，在購買時有最低數量和最高數量的限定嗎？

答：您好，這是有的。股票交易的基本單位為 1 手，即 100 股。一般情況下，投資者買賣股票最少要 1 手以上，以 1 手的整數倍買

賣，不能夠買小於 1 手的股票即所謂的零股，比如說 50 股。不過還有一種情況，就是在上市公司融資擴股時，投資者按照配售的比例才有可能會被允許購買零股。

炒股其實就是炒心態

以健康的心態炒股

炒股主要看心理，它表明了良好心態在炒股中的重要作用，也說明了心理狀態股票操作的成敗。有一個健康的心態，對股票的漲跌平靜對待，是在股市中必勝的絕招。操作股票的技巧既是對於經驗的累積，也與心態的關係非常重要。

心態與技術是共同作用的。心態良好，可以幫助人進行客觀的分析，發揮自己良好的技術水準。假如說心態特別不好，決定往往會出錯。買入是因為一時的衝動，賣出是因為過度的輕率，雖然以前已經制定了方案，看到價格波動就改變策略。在這個時候，由於操作失敗讓人產生了很多悲觀情緒，讓人精神萎靡，這也並不奇怪。

不管是技術有多好還是運氣有多好，在證券市場當中，預期與事實不同也是經常發生的事。在股市操作當中每一刻都是如臨大敵。炒股的技術是長期性的，它是博得就是人的心理因素。你只能去自我調整它，對一檔股票後期的研判，憑藉的就是感覺。

股市更需要情商

無論是哪個投資領域的高手，他的心態一定是非常好的，因為良好的技術是透過認真的學習研究而總結出來的。假如說一個人沒有良好的心理狀態，就不會領悟高超的技術。要想在股市當中成為投資的

高手，必須要培養良好的心態，只要這樣，你才能經得起變化莫測的
股市的，在風險中臨危不亂，從而在股市中得到良好的收穫。

學炒股就是學做人

　　股市裡流轉過這樣的話，炒股票就是我們做人的道理一樣。現
實生活中也是如此，人做的政治，股票操作的也比較好。對待股市的
時候心態要平和，用毅力控制自己的心理，駕馭股票。交易的發生無
論是獲利還遭受損失，我們都要用心感悟市場，同時也在感悟著我們
的人生。

　　炒股就是一面鏡子，把人性上的缺點全都暴露出來。所以，炒
股的過程就是磨礪人的意志的過程在炒股當中把你的性格變的沉穩起
來，你離成功就更近一步了。不管股市行情如何的變動，都不會因為
心理的原因，而作出錯誤的選擇。

怎樣克服自己的缺點

1. 靜下心來，不浮躁

　　每一個股民都想炒股賺大錢，要做到輸贏都自若。要贏了不
自得輸了不悲傷。特別在股票虧損的時候，從自身找原因，不要怨
天尤人。

2. 依賴別人，能力難以進步

　　有的人運氣好的時候，賣出股票轉了一點小錢，大多情況下是虧
損的，就抱怨不公，這些沒有什作用。不要靠運氣，應主動提高自身
的能力。

　　當你決定炒股的時候，就應該明確貪圖享受會讓人萎靡，養成不
去努力的壞毛病，你應該認真學習股票的知識，為此付出艱辛。

3. 不要太散漫

人的隨性也是炒股的一大隱患，由於不能給自己籌措周密的計畫，給自己定規矩，克服散漫的毛病，特別是在技術操作上一定要謹慎小心。

4. 貪心難獲利

有的股民的資金帳戶上的收益率已經達到了兩位數，但是還想賺更多的錢，越多越好，結果股市開始出現下滑，本金都會虧損，究其原因就是太貪婪了。所以，一定要克服貪心。做到知足者常樂，見好就收。

5. 天上不會掉餡餅

依賴別人買股票就更不對了，世界上沒有人為你無償服務，所謂的股市專家到處都是，消息變化紛擾，應該掌握主動不要太相信別人的話。別人是從個人的利益出發，不會太多的考慮其他人。

這幾點都是關於如何掌握規避心理上的風險，要做到有備無患，提高自己的能力的同時，做到心裡的昇華。

| 投資問答 |

問：請問專家，我的承受能力比較低，但是又想參與股票的投資，有什麼好的方法？

答：心理因素在炒股當中達到了非常重要的作用，如果說你心態不太好，建議最還不要參與股票投資。如果特別感興趣的話，應該請教一些專業的理財專家進行指導，不要盲目進入股市。還有就是投資那些大盤股，這些股票都是非常穩固的，可以減少股票投資的一些風險。

賣出股票有技巧

　　賣股票不是一件容易的事，從經濟學角度看，賣出股票比買進股票更加的困難。而在特定時期賣出股票的方法又不相同，比如很多人只賺了一點點錢就賣出了股票，看著賣出的股票一路上漲又無計可施也有可能是這樣的，行情將要到達頂部，不少人為了多賺一點錢，個股已經開始大跌，還要進倉持股，該賣的時候不賣，損失一定會很大。

　　從個人感情上說，賣股票是讓人難以抉擇的事。比如股票價格上漲的幅度已經很大了，覺得自己還會賺更多假如說賣掉股票就少賺了很多錢，完全不考慮股市上的風險。就是因為太貪婪了。比如說股票出現下跌甚至已經虧損了，賣出股票的人將會更加的痛苦，賣出以後就不是數字的變化，而成為事實中的虧損了。但還是不忍心「割」，喪失了調股建倉的實力。不知道現在拋出股票是為了進一步投入。

　　所以，到了賣出的條件具備的時候就應該平倉，不要求手法多高明，賣出多巧妙，但是要出倉順利，賣得合理。以下幾種方法都比較適合賣出的操作。

　　第一種：在市場持續下跌的情況上，走勢異常的股票應立即賣出。

　　如果所持有的個股走勢比較異常，可能表明將來這檔股票會出現，尾盤的時候出現拉高的情況，應當果斷立刻賣出。越是股票在停盤前上升，說明主力資金缺少護盤的能力使盤面無法維持。

　　第二種：當股票價格在一定的階段出現底部的時候，可以適當的補倉進入。

　　由於此時股票價格和曾經買入的價格相差比較大，如果這時賣出

的話就會受到很大的損失。可適當買入股票來降低總成本，等待下一次的行情再逢高賣出。這種賣出方法比較適合股票底部的操作。

第三種，下跌的最初期，比如說股票的價格下跌幅度很小、還沒有被套牢，應該平倉賣出。

這種時候特別強調投資者的決心意志，是否可以果敢賣出。假如及時平倉賣出，才能防停損失減少。

第四種，如果股票價格已經下跌過，這時賣出做停損的時候也是惘然的。

這時跌落極有可能出現上漲衝高。可以適時的價格賣出，趁大盤出現轉機時賣出停損。

我們應該明確的是，每種方法都有他的缺點，使用的時候應該謹慎。還有注意的是，在頂部賣出的機會很渺茫，不能過多的計較利潤，以免造成心態的變化。在資本市場當中，如果過於奢望的話。

投資問答

問：專家您好，我了解了一些關於賣出股票的方法，我還想知道還有一些短線的操作方法？

答：作為短線投資者，一定要具有圍棋選手一樣的判斷和勇氣，能及時改正自己的錯誤。在錯誤時應該嚴格停損。不管是理財專家推薦的，還是發布了重大的利好消息，都應將個股的十日均線作為重要停損位，條件有變及時執行停損，無條件全部出局。停利可以靈活一點，一般停利線掌握在 25% 收益，大盤行情下跌的時候，停利線掌握在 10% 收益，假如已經獲得了 10% 的時候就應該賣出 50% 的股票。

選擇何種的股票

有句話說：「生意不熟不做」，這句話也適用於股市。股票市場上變化波動是非常大的，每天的股票都會有上漲的也會有下跌的，每檔股票的價格都是在變化中不斷的變化，因此從趨勢的角度看，任何一檔股票都會有上漲的可能性，只是幅度、速度、走勢有所不同而已。而對於年輕的普通投資者來說，不可能把所有股票洞若觀火，能夠充分的把握好每一檔股票最佳的時機，所以選擇自己熟悉的股票就比較好了。

股神巴菲特也很認同這一點，他在投資股票的時候只關注自己熟悉的股票，如果對一個公司的經營環境、發展方向、高管背景這些情況都不是非常的熟悉，不管別人怎麼說它業績優良，也不回去關注它，購買他們公司的股票。股神經常說的一句話就是：「投資必須堅持理性的原則，如果你不了解它，就不要行動。」在巴菲特看來，每個人的能力都在一定的範圍內，而資本市場發行的股票多達幾千支，不同的上市公司經營者不同的業務，我們的能力是不可能將每檔股票的動態瞭若指掌的。既然做不到，不如把目光投入在自己熟悉的公司上，更能有利於我們政策的施行。

股神是這麼講的，而且也是這樣做的。研究股神的投資史，他曾經經營過幾百檔股票，但是只有八檔股票是長期持有並讓其獲得收益的，它們有迪士尼、華盛頓郵報、富國銀行、吉列、可口可樂、麥當勞、美國運通、聯邦住宅貸款抵押公司，在他一九九六年的投資組合當中，這八檔股票占了總資產的四分之三。

股神為什會對這幾支難捨難分呢？經過細心的觀察我們發現，這八家上市公司都國際的知名企業。比如說，「可口可樂」公司是世界上

最大的飲料銷售公司，我們可以在全世界的每一個地方的商店都可以發現它的身影，這種飲料幾乎走進了每一個人的生活。只要人們喜歡碳酸飲料都會想到「可口可樂」。而「吉列」的刮鬍刀已經行銷全球，雖然國際市場刮鬍刀生產企業多達數萬家，但是每個刮鬍子的男人都對「吉列」略知一二，據不完全統計，世界上將近一半以上的男士都會選擇它。由於它舒適、耐用等特點讓愛美的人士對它情有獨鍾。

我們從股神的投資具體案例案例中可以看得出來，那就是選擇簡單直觀的、摒棄複雜繁複的。股神最看重的這些上市企業與我們日常生活是否息息相關，這些企業的產品是都關乎我們的生活，沒有什麼讓人疑惑的。而那些剛剛興起的高科技股票，股神從來都不回插手的。新世紀初，網路股票興盛高潮，股神沒有進行投資。當時很多人都認為股神的投資觀念已經落後了，它的投資官已經被經濟發展所淘汰了了。但是結果如何，網路經濟的泡沫毀掉了不少投資高手，而股神以其謹慎的態度，做自己了解的股票，被我們所敬仰。

股神堅持自己投資策略的根本原因是能夠有效的預知和防範自己的風險，把自己的投資放在最安全的狀態。這是股神處於不敗之地的根本原因。

投資問答

問：專家您好，我是一個投資的新人，怎樣才能選擇優良的股票呢？

答：投資新手的經驗一般都比較差，建議以防範風險為主。有優良股的特徵是，發行股票的公司經營狀態良好，利潤成長平緩，前好；市場流量大，交易量比重大，股價不斷上升；股息較容易獲得，分紅較多，而且每年會定期的分紅給股東。如果一檔股票能夠達到這些條件，我們就可以嘗試一下了。但是，還需要關注的

是，股市中的風險是無法預測的，還要進行投資大環境的分析，這樣才能保證投資的安全性。

利用「股價相對強度」來選股

我們這裡所講的「相對強度」其實指的是個股與大盤之間的強度。

舉個例子來說，假如在一個的時間內，單檔股票的股票上漲接近 20% 而大盤的上漲卻只有 10% 那麼就說明個股強於大盤走勢。事實上每檔股票的走勢都與大盤密不可分，假如說只考慮個股而不去關注大盤的走勢，沒有大盤的對比我們無法去計算相對股票價格的強弱。而對於做短線的人士來講，個股的強弱決定著是否介入的關鍵。

我們在進行個股與大盤相對強勢的比較過程中，可能會很容易的找到計算方法，也就是說在某一個特定的時間段進行大盤與各股的漲跌幅進行比較。計算方法沒有錯，但是結果並不是太準確，它最大的缺點就是在於這只是一個時間段的比較。經過我們認真的觀察，我們就會發現相對強度的比例關係不是固定不變的，也能在尾盤的時候個股的成長率與大盤相持平，在特定的時間範圍內個股的走勢並沒有大盤那麼強，這應是我們值得關注的。因此我們在計算的時候應該把基準日的漲跌幅都要記錄下來，我們覺得這麼做比較困難，我們可以透過股票軟體去操縱。

在股票軟體裡會有一個叫做添加技術指標的功能。我們利用這一功能可以把自己需要的指標輸入進去，對於計算「相對強度」來說，就要比較容易了計算方法如下：

相對強度指標＝股價 / 大盤指數 ×100

我們將這個指標乘以 100 是為了看起來更方便一些。

當我們將這個指標透過電腦顯示出來不難看出：對於那些單只個股來說，我們所看出的相對指標數就是一個走勢線，也就說明大盤的走勢與個股的走勢完全不同。如果這只相對強度線是向上突破的，股票的走勢就會大於大盤，如果相對強度線走勢在大盤的下方說明個股的走勢弱於大盤走勢。

當我們去觀察相對強度線，我們就能對個股的走勢一目了然了，可以很清楚的看到在哪一個時間段走勢比大盤強，在哪一個時段比大盤弱。

股票價格波動的時候有一個現象很難讓我們去理解：下跌容易上漲難，如果出現股價的走勢要強於大盤的時候，特別在如果大盤出現下跌的情況而個股的下跌幅度小於大盤的幅度，這種現象必然是受到外部力量護盤的作用。這三種力量可能是：有新的主力介入，老的主力增持股份大型機構或個人大資金的進入，我們應該從強度上去分析這檔股票護盤力量的來源。

假如是新的主力構建倉位，我們先不要去跟進，這是需要做的就是密切關注股票的變化，因為新的資金量的進入必然會讓股票呈現一個新的態勢。任何一個主力資金就會將這個股價拉高起來，而我們需要的就是這個過程，主力資金的最後動向不是我們最為關注的。然而新的主力資金會利用股價的波動來調節價格與持股比例的關係，可能這是一個長期的過程我們無法判定目前的價格就是底部價格，主力不會再建倉期拉生股價，問你們應該在主力建倉以後進行持股。

還有就是以前的主力階段性增倉，說明以前的主力隊目前的股價底部比較認同，而且手中還有足夠的資金，如果大盤一旦出現反彈

就會出現上漲的行情。如果只是某個大的買入訂單我們不用進行過多去關注。

當然這個指標只能針對大盤的強弱來判斷，至於外部力量的進入還需要我們自己去研究，但是相對強度已經告訴了我們動向，在特定情況下我們還會感覺到外部護盤的力量。

所以在相對指標下還應該配合 K 線圖來分析走勢。

第一種情況：股市大漲的時候個股也在漲但是漲幅不大。

基本上可以認定是進了個大單子而不是主力操作。大單資金的進入會使股價有所上升。但是這種資金流一般不會去維持盤面，因此大盤一旦回落股價的下跌也會非常快。

第二種情況：大盤在下跌的時候股價有所上漲。

不是新主力進入就是有以前機構的一次性買入。但是利用相對強度是無法預測出來的，我們還應該去借鑒股市運行時的分時股價走勢圖去確認。

第三種情況：股票的價格遠遠強於股票大盤。

股票價格持續上漲與大盤走向截然不同，這表明主力機構在不斷拉升股價，但是還要分清楚是新的主力還是以前的主力。

第四種情況：大盤開始下跌，但個股的下跌幅度比較小。

這表示有主力資金進行維持股價，而且是以前的資金主力。假如是新主力的話，可能還會為了節省成本法繼續打壓股價以獲得更低廉價格的股票。

我們還應該關注相對強度比較弱勢的狀態，但是我們最重要的是看指標是否會變強。比如說相對強度總不如大盤走勢，不如換一檔股票比較安全。

　　在看相對趨勢以前，還應該關注量的變化，成交量的變化最直觀的展現主力的狀態。也就是說量的變化裡可以看出是否有主力資金進入的情況。當然，還沒有達到我們做出判斷的時候，我們還需要對圖表進行分析。

| 投資問答 |

問：請問專家，除了相對強度以外，還有什麼其他的因素影響我們的操作？

答：我們透過對相對強度的研究可以進行股市價格走勢的分析。但是很多時候，市場的風險具有不確定性，很多情況是難以預料的。比如說上市的新股，它沒有歷史週期圖更談不上說利用相對強度了。但是很多因素確實是在影響著股票價格的變化。比如說：公司內部的最新公告、企業發展前景、政府補助或鼓勵政策都會對個股甚至大盤達到作用。一檔股票的上漲可能會引領一系列相關企業股票價格的上漲，現在提幾點比較重要的因素。

一、**基本因素**。基本因素指的是那些影響股票價格的最根本因素，比如說上市公司的經營狀況，發展的未來前景，以及資本負債關係。

二、**政治因素**。指的是政府對於上市公司的政策引導，比如說國家政策那些鼓勵高科技企業降低他們的稅率增加財政補貼。

三、**公司性質**。指的是公司經營所涉及的產業領域。比如說鐵礦石的價格迅速上漲，那就說明了開採礦石的企業就會盈利從而影響股價。

四、**公司經營管理狀態**。也就是說企業對於經營的狀態以及業務水準，我們在投資股市的時候也別關注企業管理者人士變

動的狀態。

其實影響股票價格的因素還有很多，我們不能夠片面的去看待它，要從整個經濟市場的大環境出發，保證自己的資金安全。

停損點的設定

許多的投資人不願談及停損點的問題。但是市場上的各種風險是固定存在的，我們不能抹殺股市上的風險而一味的去宣傳它的利潤。股市上發生的各種案例告訴我們，一次不經意的錯誤也可能導致一敗塗地。但是停損點的設定可以幫助投資者把損失的程度降低到最低的範圍以內，也可使利潤提高到最優的水準，也就是說，以停損的方法實現利潤的最大化。

金融巨擘索羅斯曾經說過：「投資本身沒有風險，失控的投資才有風險。」我們仔細去研究那些在股市中叱吒風雲的人物不難發現，雖然他們的投資風格迥然不同，但是它們有一個共同的特徵就是停損。把握好停損策略，能讓我們更加保證收益。

但是，雖然很多投資者都清楚停損是非常重要的，也設定了停損目標，但是還是會有很多人損失慘重。投資者為什麼不做及時的減少損失的工作？可能這是因為在投資中存在著盲點，以下幾種都非常普遍。

錯誤觀點一：就虧了這一點點錢，還是會漲。

可能每個投資者都存在僥倖心理。這些投資者已經知道股票應該進行停損了，但是還是不甘心，總是覺得就虧損了那一點，股價還會重新上漲的。但是，股票的經營最怕拖延時間了，時間一分一秒的過去，股票的價格虧損就積少成多了，等到投資者醒過神來，就不是虧

那麼一點點了，而是已經被深深的套牢了。

錯誤觀點二：無論跌多少，股票在手裡就不算賠錢。

這種錯誤經常在投資者身上上演，事實上，目前在資本市場上流通的股票，一般的紅利分配很少，比一年定期存款能夠持平的就更少了，投資者最主要的賺錢方式就是靠股票買賣的差價。一旦投資的股票出現下跌，就會造成投資者的虧損，如果想重新獲利，只能是對於一輪行情的期待。如果股市運行情況良好的話，上漲的機會會很大，假如說股市本身運行就很艱難，股價還在不斷的下降，上漲起來那是非常難的。

錯誤觀點三：機構沒有出貨，我就有機會。

比如說有些投資者出現持有的股票價格下降的時候，尤其是成交量的變化很小，就覺得機構投資者沒有出倉，自己完全沒有擔心的必要，把希望交給那些自己認為的機構主力上。實際情況是，機構投資者對於普通投資者的優勢來講，它們資金豐富、資訊靈通，主力投資者可以利用這些資源進行價格的操作，比如說剛剛下跌的時候會拋出一部分股票，價格特別低的時候在進倉，然後再把股價拉高出貨，就這樣的多次操作，使自己的成本降低到最少的水準。但是一般的投資者資金比較薄弱，股票的價格雖然是反覆變動，對於他們來說有的還只是虧損。

正是因為這些盲點的引導，讓很多的投資者虧損慘重。怎樣才能走出這些盲點呢？有以下幾點需要注意。

第一點：在趨勢中看停損點。

趨勢的情況一般就三種：上漲、下跌和盤整。假如說這時的股票一直處於盤整的狀態下，價格總是在一定的範圍內波動，這時候停損

大多可能會出現錯誤。因此，要把停損與股票趨勢相結合。

第二點：尋找自己比較適合的指標停損。

所謂交易的指標，可以是股價走勢均線、總體趨勢線、形態或者其他的指標工具。運用指標不同的作用可能操作的結果完全相反，所以說，選擇適合自己的指標，不要總覺得別人的指標有效就拿來用。

第三點，設定目標，堅持進行。

在買入股票之間就應該設立好停損點，買入以前就開始設定是比較好的，等到虧損的時候在設定就顯得比較完晚了。

賣出的本領要比買入的本領重要，所以說，但是學會了設定停損點就更重要了。停損看似簡單，但是操縱起來比較困難，現在介紹幾種停損的方法。

一、技術面停損

這種方法操縱起來比較困難，它的原理是把停損設置與技術分析結合起來，不考慮市場的波動因素，在幾個關鍵位置設定停損點，防止虧損繼續蔓延。技術停損法對於投資者的要求很高，它要求投資者的技術分析能力與自我控制能力都要非常強。

二、額度停損

這種方法操作起來比較簡單，它是把虧損的值與股票以前的價格設定一定的比例關係，如果比例達到停損的額度就立即平倉。這種停損法對兩種投資者比較適合：第一種剛剛進入股市的投資者；第二種就是在市場風險非常大的投資者。

三、強制性停損

一般說來，股票的價格趨勢不是很容易改動的。所以當股票的價格虧損到一定的程度並且無法轉變的時候，投資者不應該抱有任何的

幻想為了防止虧損的進一步擴大，應立即平倉出局。

透過上面的介紹對於投資者來說學習停損非常有幫助，但是在實際的操作過程中應該注意自身的心態培養盡量要順勢而為，盡量避免與市場的方向操作。

| 投資問答 |

問：請問專家，在實際的操作過程中，我們應如何設定定額停損？

答：一般的情況來說，定額停損的比例有兩個依據：一個依據就是投資者能夠承受的最大損失額度；第二個是交易票價格的自然波動，定額停損的點就應該設在這兩種資料的平衡點。比如說，以買入價格的 80% 作為停損點，如果出現股票上漲的情況下，可以把停損點按照一定的比例向上平移。舉個例子，你以 20 元的價格買入某檔股票，如果股票開始下跌了，在價格下跌到 16 元的時候；假如股票的價格上漲到 25 元，那停損點的價格就變成買入價格了，這時的停損價格為 20 元。

多方面看待長期投資

巴菲特的一句話讓人所熟知：「選股的原則就是良好的商業模式，優秀的管理人員、合理的公司估值，加上長期持有股票。」

投資股票是長期投資還是短線投資，這個話題我們爭論不斷。一方面，股神的投資績效表明了長期投資可以為投資者帶來巨大的收益；但是離我們不久以前的那一次金融危機，許多長期的投資者蒙受的損失非常巨大，那麼我們怎樣去考慮長期投資的問題呢？

其實，長期投資我們可以從多方面去看。

我們所說的長期投資只是參照短期持有來說的。在金融投資產業中，通常把那些持有 3 年以下的投資行為叫做短期投資；把投資時間在三到十年的稱之為中期投資；把十年以上的投資行為稱之為長期投資。從美國道瓊指數上也可以看出，投資的時間只要在十年以上，不管投資者身在牛市還是熊市，不管投資者進入股市是在哪一年，投資的結果都是正數。

但是這並不表示長期投資的投資就會盈利。一般情況下，投資的時間足夠長，股票的價格指數就一定成長，並不能表示這檔股票有多優良，有的時候的通貨膨脹就會讓股指上漲。所以說，長期投資也應該有合理的規劃，還要對國家的政策以及市場的基本方向有所了解，正所謂「皮之不存，毛之焉附」，如果一上市企業的經濟狀況或者國家形勢不穩定，可能無法獲得收益，可能還會損失以前的利潤。

有些投資者在選擇股票的時候，盲目的買進，以為只要股票在手裡，股價還是會上漲，結果適得其反成為了長期持有者。在投資策略上，如果把長期投資當做壓箱底，時間很長但是沒什麼作用。我們選擇長期投資的原因，是希望上市公司不斷成長而獲得利潤分享。但是企業在發展的過程中，由於各種因素導致經濟發展的變化，可能就會出現錯誤的決策，因為持續業績成長從不虧損的企業是非常少的。

所以說我們在做長期股票投資的時候，要靈活多變，要在持有股票的過程中靈活的分析各種情況。

這樣看起來比較簡單其實並不容易，長期投資的方法雖然很簡單，真正做到的只有巴菲特一個人，我們普通投資者幾乎做不到巴菲特那樣具有長遠眼光的打算，在股市中乘風破浪。對於普通的投資者來講，有長期的投資的意識僅僅只是開始，還有不少事情需要投資

者去做。

1. 買入的股票是否具有長期投資的潛力

即使你的投資技術很嫻熟，也應該經常關注投資的上市公司的最新動態。看它的經營內容有所了解。如果你的選股能力還不是很強，不如去投資公司諮詢，當然這做也不能說是一勞永逸，你對於選擇的投資公司也需要不斷的認知和觀察。

2. 對於長期投資的收入預期不能過高，認真對待平均的收益

巴菲特在 2008 年的時候就警告投資者：「整個二十世紀，道瓊指數從 66 點漲到 11,497 點。這個成長看上去很大，但換算成每年的複合成長，不過 5.3%。在本世紀裡，想從股票中賺到 10% 年收益的人，他們的如意算盤是 2% 的年收益來自分紅，8% 來自股價上漲。但這無異於他們是在預計：2010 年道瓊指數會在 2,400 萬點的水準！而這是件多麼瘋狂而不可相信的事情。」

也正如巴菲特所說，香港發展的黃金週期是到 1997 年以前，股指從最初的 100 點成長到將近 1,700 點，但是它的年複合成長率也只有 17%。因此，作為普通投資者來說應降低預期收益，合理看待長期投資的平均收益。

3. 要對投資期限有規劃

從長期經濟學角度來看，只要企業的發展態勢良好具有長期的潛力，在長期投資下就會獲利。但是這個長期獲利的時間就不好確定了可能要二、三十年。這種收益還存在不確定性，而我們自身的投資期限卻是相對固定的。假如說出現要用錢的情況，股票的長期投資肯定不適合。所以，我們應當準確的規劃長期投資的期限，最好讓長期投

資與短期投資配合。

　　長期投資不能籠統的去理解它，而不能只在期限上做文章

｜投資問答｜

問：請問專家，一些大型企業的股票我可以長期持有嗎？

答：這是目前投資者對於長期投資觀念的曲解。長期投資選擇股票的
　　要求是選擇那些被市場長期低估的並且有良好發展前景的大公
　　司；如果當前的股價與其實力相符或已經被高估，就失去了長期
　　投資的價值，投資者應該賣出這類股票而不是繼續持有它們，再
　　加倉就是更錯誤的。即使上市公司的實力雄厚，也要在很好的位
　　置購買。

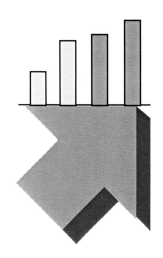

第 9 章 外匯：
一場以小博大的靈活戰役

知曉外匯投資的幾個概念

1. 外匯管制

外匯管制指的是國家直接控制外匯兌換的數量和價格。在又稱之為外匯管理，比如說在，外匯就不能自由兌換，進口和其他的外匯需求必須向有關部門申請，經過批准後，才能按照當局制定的外匯牌價匯率購買外匯。

因為外匯管制在多個國家施行，所以就產生了貨幣是否可以進行兌換的關係。按照可兌換能力的不同，可以分為：

a. 完全自由兌換貨幣，指在國際結算、信貸、儲備三方面都能為國際社會所普遍接受和承認，比如說歐元、美元、英鎊、日元等。

b. 不完全自由兌換貨幣，指只能在廠商及大眾才能不受限制的用本國貨幣從金融機構購買外匯。

c. 有限度可兌換貨幣，介於完全和不完全自由兌換之間的體制，在交易方式、資金用途、支付方式等方面採取一定限制。

d. 完全不可兌換貨幣。

2. 強勢貨幣和弱勢貨幣

強勢貨幣，指在國際金融市場上匯率價格堅挺並且能自由兌換、幣值浮動小、可以作為國際支付手段或流通手段的貨幣。例如美元、歐元、日元等。

弱勢貨幣，指在國際金融市場幣值變化幅度大，兌換他國貨幣受到限制，國家信用較低的貨幣，主要有印度盧比、越南盾、緬幣等。

強勢貨幣和弱勢貨幣的概念只是相對而言，它會隨著一國經濟狀

況和金融狀況的變化而變化。比如說美元在 1950 年代的時候是強勢貨幣，在 1960 年代後期至 1970 年代是弱勢貨幣；1980 年代以後，由於美國緊縮銀根提高了存款利息率，又變成了強勢貨幣。

3. 現鈔匯率

現鈔匯率又被叫做現鈔買賣價。是指銀行在買賣外匯時所利用的匯率。從貨幣銀行學的角度看，現鈔買賣價與大額買賣價應該是相同的。但在實際當中，國家都有嚴格的規定，在禁止流通外匯，需要把買進的外國貨幣運送到貨幣發行國或者是流通地區才能流通，銀行就會承擔這一系列的作用，這些費用需要客戶來支付。

所以，銀行在向客戶承兌現鈔時的匯率，價格會比其他形式的買入匯率要低；但是銀行賣出外幣現鈔的時候所使用的匯率則於外匯賣出的價格相同。

4. 現匯匯率

現匯匯率分成買入匯率和賣出匯率兩種。買入匯率又被叫做外匯買入價，指的是銀行買入客戶手中外匯時的價格。正常情況，外幣折合本幣數量比較少的那個匯率就是買入匯率，它表示承兌一定數量的外匯需要多少本幣。賣出匯率也可以稱外匯賣出價，指的是銀行將外匯承兌給客戶時的外匯。正常情況下，外幣可以承兌較多本國貨幣那個匯率就是賣出匯率，它表示的賣出外匯時能夠得到多少本幣。

5. 幣值基準利率

基準利率指的是國家的貨幣以關鍵貨幣或者是基本貨幣的匯率。

每個國家在制定匯率時，因為世界上的國家較多，通常會選擇幣值比較穩定的貨幣作為關鍵貨幣，在制定匯率時先制定與關鍵國的匯

率，就被叫做基準匯率；然後根據基準利率的關係套算出與其他貨幣之間的關係。關鍵貨幣又被叫做世界貨幣，被廣泛用於計價、結算、儲備貨幣、可自由兌換、國際上可普遍接受的貨幣。目前作為關鍵貨幣的通常是美元，把美元作為與其他國外匯之間根據。

幣值基準匯率是由中央銀行根據前一日銀行間外匯市場上形成的美元對幣值的加權平均價，公布當日主要交易貨幣（美元、歐元和港幣）對幣值交易的基準匯率，也就是市場交易中間價。

6. 外匯指定銀行掛牌價

央行公布的幣值基準匯率是各外匯指定銀行之間和外匯指定銀行與客戶之間進行外匯與幣值買賣的交易基準匯價。

| 投資問答 |

問：請問專家，作為新手投資外匯我們應該注意哪些方面呢？

答：在投資外匯以前，有四個要點需要我們去注意，這對投資者來說也是一個入門法則。

1. **牢固外匯知識**：剛入市的投資者不要滿目進入，特別是風險高的保證金交易，在槓桿率的作用下使價格風險到了最大的程度。在投資之前應該學習一些國際金融的相關知識，例如匯率決定理論、國際收支理論等。另外還要學習一些技術分析的基本方法，並且可以熟練運用幾種投資分析方法。

2. **加強風險控制**：在投資外匯市場的時候，你不應該把賺錢作為第一目標，而是想盡辦法站穩腳跟。滿倉操作就是孤注一擲。即使再高明的外匯投資者也不能保證他的所有判斷是正確的，如果想要堅持在外匯市場應盡量防範風險。

3. **專而不繁**：投資者應該把精力放在一種或者幾種外匯上。如果涉及的貨幣對過多則會因為需要搜集的資料而導致資訊的難以確認，難免錯失良機，因為外匯交易中的機會在眨眼之間，當風險來臨時想要改變策略已經太晚了。

4. **貪心不可取**：多數投資者有這樣的經歷，當獲利達到 10% 的時候還在等待達到 20%，行情變化落得兩手空空。投資者應該見好就收才是制勝的法寶。

主要外匯投資品種有哪些

在現行的投資市場中，外匯投資的品種有很多，在投資外匯之前我們應該對它有所了解。下面我們就對其做具體的分析。

1. 交易品種

外匯交易主要可分為現鈔、現貨外匯交易、合約現貨外匯交易、外匯期貨交易等。

2. 現鈔的交易方式

整體來說，現鈔交易指的是旅遊者以及因為各種原因需要外匯現鈔者之間進行的買賣，包括現金、外匯旅行支票等；現貨交易是大銀行之間，以及大銀行代理大客戶的交易，買賣約定成交後，最遲在兩個營業日之內完成資金收付交割；合約現貨交易是投資人與金融公司簽訂合約來買賣外匯的方式，比較適合普通人群進行投資；期貨交易是按約定的時間，並按已確定匯率進行交易，每個合約的金額是固定的；期權交易是將來是否購買或者出售某種貨幣的選擇權而預先進行

的交易；遠期交易是根據合約規定在約定日期辦理交割，合約的金額大小是可以調整的，合約的期限也是可以協商的。

從外匯交易的規模來說，由於國際貿易而產生的外匯交易的比重越來越小，經過統計，貿易的外匯交易在 1% 左右。我們可以看出，外匯交易的主題是外匯投資，是以在外匯匯價波動中盈利為目的的。所以，占比重比較大的是外匯現貨交易、合約交易以及期貨交易。

3. 現貨外匯交易的方式

現貨外匯交易指的是大銀行之間和大銀行代理大客戶的交易，雙方約定成交以後，最晚不能超過兩個營業日就必須完成交割。

現在介紹幾種比較適合大眾的投資方式。

個人外匯交易指的是個人委託銀行，參照國際外匯市場即時匯率，把一種外幣買賣成另一種外幣的交易行為。由於投資者交易的外匯數量必須是足額的，才能完成交易項，只是一種比較流行的外匯保證金交易缺少保證金交易的賣空機制和融資槓桿機制，所以也叫做實盤交易。

境內的投資者，可以憑手中持有的外匯，到銀行辦理開戶手續，存入資金，就可以透過網路、電話或櫃檯方式進行外匯的投資買賣。

4. 合約現貨外匯交易的方式

合約現貨外匯交易也被叫做外匯保證金交易，指的是投資者和專業的外匯投資公司或者是經營外匯業務的金融機構，簽訂委託買賣外匯的合約，繳付一定比率，這個費率一般不會超過 10% 的交易保證金，便可已按照融資的槓桿率進行交易了。因此，這種合約形式的買賣只是對某種外匯的某個價格作出書面或口頭的承諾，然後等待價格

出現上升或下跌時，再作買賣的結算，從變化的價差中獲取利潤，當然也承擔了虧損的風險。由於這種投資所需的資金的靈活性，越來越多的人參與這種投資。

以合約形式投資外匯，它的主要優點就是有效的節省投資金額。利用合約形式買賣外匯，投資的額度正常情況下不超過合約金額的5%，利潤的盈餘或者虧損就會按照整個合約金額來計算。外匯合約上的金額是根據外匯種類不同而確定的，整體來說，每一個合約的金額分別是 12,500,000 日元、62,500 英鎊、125,000 歐元、125,000 瑞士法郎，每張合約的價值都應該在 10 萬美元左右。投資者不能根據自己的要求去設定各種外匯種類的金額。投資者根據保證金的不同而設定多少個合約，買賣合約的數量自己可以調整。一般情況下，擁有 1 千美元的保證金的投資者就可以買賣一個合約，當外幣上升或下降，投資者的盈利與虧損是按合約的金額即 10 萬美元來計算的。

5. 外匯期貨交易的方式

外匯期貨交易指的是在約定的日期，按照已經確定的匯率，用美元買賣一定數量的另一種貨幣。外匯期貨買賣與合約現貨買賣有相同之處也存在差異。合約現貨外匯的買賣是透過銀行或外匯交易公司來進行的，外匯期貨的買賣是在專門的期貨市場進行的。目前，世界上著名的期貨交易市場有：芝加哥期貨交易所、紐約商品交易所、雪梨期貨交易所、新加坡期貨交易所、倫敦期貨交易所。期貨市場由兩個部分總成：一部分是交易市場，另一個部分是清算中心。期貨的買房或賣方在完成買賣交易之前，清算中心也就充當了買賣雙方的交易對象，直到期貨合約完成。期貨外匯與合約外匯既有聯繫又有區別。

| 投資問答 |

問：專家您好，在交易外匯的時候，我們還需要注意哪些問題？

答：您好，隨著全球經濟一體化的快速發展，民眾手中持有的貨幣也日趨多樣化，同時隨著外匯知識的不斷普及，人們對炒匯也有了全新的認識。但為了盡可能的降低風險，提高投資的收益率，在投資外匯的時候應該注意以下幾點：首先，交易商的選擇特別重要；其次，交易平台的選擇比較重要；最後，交易時的注意事項。我們還需要明確的是想成功的在外匯投資上獲利，投資資本應該充裕。這是因為一旦虧損不至於影響你的正常生活。不要把生活資金投入到外匯投資中，防止生活壓力的影響而導致做出錯誤的投資判斷。

市場中沒有神仙。很多新入市的朋友透過不同管道看匯評時，形成對某個專家的偏好。儘管有些外匯交易分析時具有不錯的市場判斷力，但這不代表能給你帶來多少實惠。因此要耐心學習，循序漸進，在謹慎投資的時候，形成自己的操作策略。

外匯交易的心態也是特別主要，有時候投資成功與否與心態有重要的關係。

外匯投資收益的計算方法

由於理財觀念的深入人心，越來越多的人關注外匯市場。投資的最終目的就是享受收益。一般的人看來，計算外匯收益非常簡單，通俗的理解，就是賣價減去買價。在現實生活中，投資收益的計算也不是很容易的事，尤其是外匯投資，考慮的因素涉及很多方面。投資人只有透過認真的計算才可以獲得準確的收益。

我們做一個外匯投資的案例，透過對投資步驟的分析，能夠讓投資者清晰的理解外匯的投資步驟。

直接報價：（不是以美元作為基準貨幣）

多頭頭寸：盈利／損失＝（清盤價格 - 開盤價格）× 合約大小 × 合約數量

空頭頭寸：盈利／損失＝（開盤價格 - 清盤價格）× 合約大小 × 合約數量

例如：我們在 1.2600 買入二個標準單的 EUR/USD，在 1.2700 賣出（平倉）

利潤＝（1.2700-1.2600）×100,000（合約大小）×2=2,000 美元

間接報價：（以美元作為基準貨幣）

多頭頭寸：盈利／損失＝（清盤價格 - 開盤價格）× 合約大小 × 合約數量／清盤價格

空頭頭寸：盈利／損失＝（開盤價格 - 清盤價格）× 合約大小 × 合約數量／清盤價格

例如：我們在 99.00 買入二個標準單的 USD/JPY，在 99.50 賣出（平倉）

利潤＝（99.50-99.00）×100,000（合約大小）×2/99.50

=1,005.03 美元

交叉匯率報價：（即不包含美元的）

一、當交叉匯率（貨幣對中）的計價貨幣是計價貨幣對 USD（例如：GPY/JPY）

多頭頭寸：盈利／損失＝（清盤價格 - 開盤價格）＊合約大小＊合

約數量 / 計價貨幣對 USD 的匯率

空頭頭寸：盈利 / 損失 =（開盤價格 - 清盤價格）× 合約大小 ×
合約數量 / 計價貨幣對 USD 的匯率

二、當交叉匯率（貨幣對中）的計價貨幣是基準貨幣對 USD（例
如：EUP/AUD）

多頭頭寸：盈利 / 損失 =（清盤價格 - 開盤價格）× 合約大小 ×
合約數量 / 計價貨幣對 USD 的匯率

空頭頭寸：盈利 / 損失 =（開盤價格 - 清盤價格）× 合約大小 ×
合約數量 / 計價貨幣對 USD 的匯率

例如：我們在 138.00 買入 2 個標準單的 GBP/JPY，在 139.00
賣出（平倉）。當時 USD/JPY 的報價為 98.00，那利潤 =（139.00-
138.00）×100,000×2/98.00=2,040.82 美元

｜ 投資問答 ｜

問：請問專家，我們聽到了很多關於槓桿的問題，我想具體了解一下
　　什麼是槓桿率？

答：槓桿這個詞在金融領域中經常出現，它的根本就是用少量的資金
　　進行更大金額的買賣。對金融交易不太了解的人可能想像不出來
　　如何用少量的資金進行高額的買賣，這因為現實生活中我們無法
　　利用 1 元購買 10 元的物品。而在投資領域，這種資本放大的交
　　易到處都存在。

　　在此我們用外匯交易來解釋什麼是槓桿，什麼是槓桿率。在外匯
　　交易中我們通常找一家可靠的外匯交易公司，然後在這公司存入
　　一定的押金（保證金），就可以開始買賣了。

外匯交易的獲利技巧

　　作為投資者在進行外匯交易的時候我們應該學習一些外匯投資的獲利技巧，這樣更加有利於我們對外匯市場的認識，在投資過程中，能夠充分的防範風險，為我們獲利打下了有利的保證。所以學習一些獲利技巧是必不可少的。

1. 透過記錄，尋找交易方向

　　在交易的過程中記錄決定交易的因素是非常重要的，想一想在交易之前有什麼事件或者其他因素讓你做出了交易的決定，在記錄以後，應該分析這因素對盈虧造成的影響。其結果如果是獲利的，表明自己的分析是正確的，如果相似或者相同的因素再次發生時，交易記錄會告訴你如何作出決策。

2. 順勢而為，遵循規律

　　在市場上有一條通用的規則：虧損部位，要盡快終止；獲利部位，能持有多久，就放多久。還有一條規則是，獲利的基礎上避免虧損，如果市場上出現下行的走勢，平倉沒有獲利的倉位也比在虧損上的倉位平倉要好。

　　開好頭，獲利平倉，及時停損。

　　開盤時應把握好位置，也就是買進一種貨幣，同時賣出另一種貨幣的行為。選擇適當的時機進入市場非常重要。假如說找到了合適的入市機會，獲利的可能性就大；與此相反，進入的時機不恰當，虧損的可能性就會增加。

　　及時停損指的是在建立頭寸後，所持幣種的匯率處於下跌的趨

勢，為避免虧損過多而採取的出倉停損措施。

比如說，以 115 的匯率賣出美元，然後買進日元。後來，美元匯率上升到 125，眼看名義上虧損已達 10 日元。為了防止日元貶值造成更大的損失，便以 125 的匯率水準買回美元，賣出日元，以虧損 10 日元結束交易。如果交易者不甘心虧損，希望日元匯率上漲，可能日元的一再貶值而造成虧損。

盈利的時機難以把握。建立頭寸後，當匯率的走勢與投資者的盈利趨於同向，平倉就可以獲利。比如說，以 110 的匯率買入美元，賣出日元；當美元上升至 120 日元的時候，已有 10 個日元的利潤，這時候賣出美元，這時候進行對沖操作買進日元，賺取美元利潤。這樣做就可以有效的獲利平倉。掌握獲利的機會非常重要，平倉太早，獲利不多；平倉太晚，可能錯失良機，匯率走勢發生轉變，還可能造成虧損。

3. 買漲不買跌

外匯操作與股票操作有一個相同的道理，只賣漲不買跌。因為價格在上升的時候只有一點是錯誤點，就是價格的頂點。在這一點意外，在其他點的操作都是正確的。

在回家下跌的時候只有一點是正確的，匯價已經到達最低點，只有這一點可以買進。

因為在價格上漲的時候買入只有在最高點是錯誤的，但在價格下跌時只有買在最低點是正確的，所以在價格上漲的時候買入要比在下跌時買入機率獲利的機會大。

4. 累計投入

也就是逐漸增加投入，在第一次買入某種貨幣之後，該貨幣匯率上升，投資的方向是正確的，如果想加大投資量，應該按照加的量越來越少。就像是金字塔累積似的。因為價漲得越高可能越接近頂峰，危險的程度也就越大。同時，在上升時買入平均成本增加了，大大降低了效率。

5. 賠錢的時候別補倉

當買入或賣出一種外匯以後，市場突然以反方向急速運行，有的投資者就會急著往裡投入，這種做法非常危險。

比如說，當某種外匯已經連續成長一段時間後，投資者不斷追高買入之後，行情出現變化不斷下跌，投資者發現馬上就要賠錢，就想在價位稍低的位置進一單，把第一單的成本減輕，如果匯率還會反彈就一起平倉，減少虧損。這種做法非常危險。

如果匯率的上漲已經持續了一個階段，投資者可能已經離頂部非常近了，如果在下跌的時候持續買入，但是匯率價格沒有反彈的跡象，那損失將會是巨大的。

6. 市場動態不明朗，千萬不要盲目進入

如果市場走勢的方向非常不明顯，自己又沒有能力去判斷未來的趨勢，最好不要進入場內，防止風險的發生。

7. 整數不能追

外匯投資中，交易者可能為了爭取幾個點位而蒙受損失。有的投資者在進行交易的時候，設定了預期收益目標，如要賺夠 200 美元或

1,000 元幣值等，心裡一直在等待這個價位。價格有時離目標已經很近，機遇難得，就差幾個點的位置，平倉就可以賺錢了，由於原定目標還沒有實現，在等待點位的時候錯失良機，導致損失。

8. 價格出現反轉，開始建倉。在盤局突破時建立頭寸

這種情況指的是匯率持續穩定，盤面處於非常平穩的狀態。這種情況下的背景無論是上升還是下降，這種狀態一旦結束，市價就會破關而上或下，呈突破式前進。這是買入或者賣出的大好機會，如果這種狀態持續的時間越久，發生反轉變化的獲利機會也會越大。

| 投資問答 |

問：請問專家，在外匯交易市場當中，除了利用幾種方法還需要注意什麼？

答：在投資外匯的時候，風險的控制尤為重要，但是還有兩個關於投資者本身的問題需要注意。

1. 不要拿自己的生活費去投資

想要成為成功的交易者，資金充足是必不可少的，如果虧損導致生活秩序出現混亂，也就是不要用自己的生活資本去投資，資金上的壓力會直接影響你對未來走勢的判斷。

2. 運氣不是主要的

在整體交易過程中，盈利的次數如果比損失的次數要多，而且你帳面的資金是呈增加的狀態，那說明你的交易比較成功。不過假如說你總體交易是損失的次數多，即使帳面上是盈利的狀況，你也不要覺得自豪，可能只是運氣的原因罷了，操作的時候應該謹慎，避免交易中出錯，適時調整操作方式。

外匯投資的發展方向

在全球外匯市場上每天的流動性可高達 4 萬億美元，多種靈活方便的交易方式如槓桿交易、二十四小時交易、對沖交易的共同促進下，外匯投資市場崛起了一批吸金高手。其中有代表性的人物就是索羅斯，外匯投資也讓他成為了世人矚目的投資大師。這讓我們在外匯市場上看到了更大的前景。

近半個世紀以來，世界的經濟發展開始過剩而且財富膨脹，外匯作為一種資產儲存方式在世界各地盛行，後者是投資、或者是參與股份，外匯不斷在經濟領域流轉；可能今天它是實物資產，明天可能就變成了有價證券。誰都不能衝破經濟的循環週期，再有實力的企業，也要進行相對的等值交換。

外匯市場已經成為了一個國際性的資本投機市場，其發展時間要比股票、期貨、利息市場短得多，然而它發展的速度卻是驚人的。發展到今天，全球外匯市場每天的交易額已達 4 萬億美元，其規模已經成為了最大的投資市場，也是當今全球最大的金融市場。世界最大的證券交易所每日的交易額也沒超過 1,200 億美元，和全球的日外匯成交量作比較，顯得特別渺小。

外匯交易作為國際金融市場比較成熟的交易方式，絕對是極佳的投資方式。與股票和期貨等交易市場相比，外匯交易的優勢更是得天獨厚。

▍投資問答 ▍

問：專家您好，外匯投資投資市場的潛力如此巨大，我們在投資的過程中應該注意什麼問題呢？

答：經濟的飛速發展，國際交流日益的密切，造就了今日外匯市場的蓬勃發展。但是，由於接觸到是多種貨幣的交易方式，所以隨之而來的問題我們不得不注意。在外匯市場中，利率的風險占據比較大的份額，由於各國利率的不斷調整，所以我們要經常關注各國利率的調整。還要關注的是黃金價格的變化，有的國家匯率的變動與調整和黃金的變動密不可分。還有關注的國際貿易的逆順差。這些都是影響匯率變動的主要因素。

影響外匯走勢的因素

1. 利率的影響

　　利率也可以被稱作利息率，是一定時期內利息額與本金之間比例。我們所說的利息，是讓渡貨幣資金的報酬或使用貨幣資金的代價。利息的存在，使利潤分為利息和企業主收入。投資外匯的時候應該關注各國利率政策的制定，以及利率的波動。

2. 通貨膨脹的差異

　　通貨膨脹指的是一般商品的價格持續普遍的上升。這表明：(1) 通貨膨脹不是價格水準短期或一次性的上升，而是價格水準的持續上升；(2) 通貨膨脹不是指個別商品價格水準的上升，而是指價格總水準所有商品和勞務價格的加權平均值上升；(3) 形成通貨膨脹的價格水準的上升幅度取決於經濟主體對價格上升的敏感程度。

　　匯率長期趨勢的主導因素是通貨膨脹的差異，在不兌現的信用貨幣條件下，兩國之間的比率，是由各自所代表的價值決定的。如果一國通貨膨脹高於他國，該國貨幣在外匯市場上就會趨於貶值；反之，

就會該國貨幣就會升值。

3. 國際收支因素

在一定時期內（通常是一年以內）與外國的全部經濟交易所引起的收支總額被稱為國際收支。這是一個國家與各個國家在進行經濟往來時候的一個記錄。國際收支集中反映在國際收支平衡表中，該表的編製原理是複式記帳。

4. 未來的市場走向

國際金融市場的流動資金數目非常大，這些資金對於每個國家的經濟狀況非常敏感，由於市場預期影響著熱錢的流動走向，對外匯市場的影響是非常巨大的，影響短期外匯的主要因素是短期預期因素。

5. 政府的干預

各國貨幣的管理者為了讓匯率維持在國家所預計的水準上，會進行長期的直接干預外匯市場，從而改變外匯市場的供需狀況，政府干預雖然只能對外匯的短期走勢存在影響，但是它的影響意義非常大。尤其是日圓，人為干預的程度非常大，假如不是非常熟悉的盡量不要接觸它。

6. 經濟指標資料的影響

經濟指標資料對外匯可以造成影響，下面我們對幾個經濟資料進行以下分析，從而能夠清楚的知道經濟資料是怎樣影響匯率的。

(1) 消費物價指數（CPI）

消費物價指數主要反映消費者支付商品或勞務的價格變化情況，即通貨膨脹水準的變化情況。如果消費物價指數大幅度上升，從短期

看，匯率就會上升，從而保持匯率的穩定性；從較長的週期去看，卻是通貨在貶值。美國有關部門每個月都會發布物價指數水準。這個物價水準總共有兩種：一種是生產者與企業員工的消費物價指數，另一種是民眾的消費物價指數。這兩種物價指數都會造成匯率的變動。對於匯率變動的承兌影響也是非常大的。

(2) 失業人數

失業率也是代表現階段經濟發展強弱的重要因素。失業率不斷提高；表明經濟發展不良失業率下降，則表示經濟發展逐漸開始變好。

(3) 消費者消費信心指數：

指的是人們樂於消費多少的水準，指數的不斷增加，表示消費者傾向於支出，對經濟成長是非常有利的，能夠導致匯率上升；信心指數出現下降，表示消費者對於消費持保守態度，可能是因為對未來經濟發展表示擔憂，不利於經濟成長，可能就會導致匯率下降。

| 投資問答 |

問：請問專家，在分析外匯走勢的時候，我們要側重於哪幾個方面呢？

答：對於這個問題沒有太確切的答案，因為對其影響的因素不會有先後順序，而是由於程度的不同，造成的影響自然也不一樣。比如說，政府的干預程度大，自然對匯率波動的幅度可能就比較小，如果政府的干預程度比較小，可能匯率的波動幅度就大。這些因素應該全面考慮，而不能單單去研究一個因素或幾個因素。

具體分析外匯優點與風險

外匯投資的優勢

1. 多空交易，兩方面賺錢

股票投資時只有上漲才有機會賺錢，而外匯可以做多，也可以做空，如果預期的方向與走勢相同就可以賺到錢。在股市中下跌的行情總是多於上漲的行情，投資成功的可能性就比較小，因為股市缺乏長期投資的環境，這也是很多人投資股市失敗的原因。

2. 二十四小時持續交易

從每週一早上 6 點開始，一直到週六早上 5 點才結束，任何時間段都可以交易。股市的交易時間只有四個小時，不適合有工作的人交易。

3. 保證金投資擴大盈利

外匯的交易的最佳時間就是在在中原標準時間的晚上 8 點到晚上 12 點。這期間是歐美外匯市場交易最為活躍的時候，匯率變化的幅度比較大，這個時間比較適合投資者進行交易。

4. 開戶金額的標準是 5,000 美元，而投資的最小金額是 2,000 美元，門檻比較低。

5. 人為操縱的可能性比較小

外匯市場每天成交量是非常巨大的，行情和資料都是對外公布的，即使是國家政府也無法干預外匯的走勢，同時交易金額的巨大，匯市不會出現在漲跌停時無法交易的情況，在任何時間段，都是全額成交的。

6. 外匯投資方便自由

利用電腦透過網路，在任何地方，交易都可以進行，比較適合喜歡自由的年輕一代。有很多人把外匯作為終身的職業。歐美國家也有很多人利用業餘時間做交易。

7. 外匯保證金，以大搏小

投資 1,000 美元就可以做 2 萬美元的交易，據有關部門統計，美國有很多富翁都從事外匯投資交易。例如：索羅斯，巴菲特都是炒匯成功最典型的人物，他們的投資收益都是非常巨大的。

8. 盈利的機會比股票多

股市中捕捉獲利機會是非常難的。而在外匯市場中，貨幣的種類都是有限的，這些貨幣就是針對美元的股票，可以把精力全部放在美元的走勢當中，只要抓住十個點就等於買了一支漲停的股票

外匯投資的風險

外匯市場的投資投機者，總是在說外匯的收益如何大。但我們從另外一個角度去看，市場上的風險就是來源於匯率的不斷波動中，不管參與外匯交易的是個人投資者還是銀行只要持有外匯，外匯風險就存在。通常情況下，人們把因外匯造成的損失或收益損失的減少叫做外匯收益。一般會把持有遭受風險的部分稱之為「受險部分」。

外匯交易風險指的是由於本國貨幣與外幣進行兌換而產生的外匯風險。從事外匯買賣為主要業務的銀行負擔的風險經常是外匯風險。企業在利用外國貨幣進行貸款或借款的時候伴隨外幣貸款、借款而進行外匯交易時，也會發生外匯的交易的風險。個人投資者在買賣外匯的時候也會承擔外匯交易風險。

交割風險，為了完成交易而把本國貨幣兌換成外幣，由於匯率的

不斷變化而且沒有規定交易匯率，因而存在風險。這種風險一般是由於企業在貿易或非生產性貿易產生的風險，也可以叫結算風險。

結算風險，投資者在在進行各種外匯業務的結算時，在換算成本國貨幣時，例如在辦理結算，因為債務的匯率問題帳面上就會存在差異，也可以叫做外匯折算風險。

經濟風險指的是指企業投資，或者是個人投資者的未來預期收益因匯率變化而可能受到損失的風險。

國家風險也就是政治風險。它是指企業或個人投資的外匯交易因國家強制力而終止所造成損失的可能性。

| 投資問答 |

問：請問專家，投資外匯途徑多種多樣，我們如何尋找風險相對小的投資項目？

答：投資者您好，關於外匯投資的安全問題，主要來源於槓桿率的問題，所以我們在進行投資的過程中應該嚴格控制槓桿率，不要將槓桿率擴大化。還有就是可以進行實盤交易，做實盤交易的優點就是手中持有貨幣，即使虧，還有可能恢復利潤。或者進行外匯對沖。這些方法都是可以降低外匯投資風險的。

降低損失的八個做法

在外匯投資風險中，我們所說的風險就是收益的不確定性，或者是本金的損失。我們應該在將要蒙受損失的情況下，盡量把損失降低到最小的程度。下面我們學習一些減少損失的方法。

1. 投資不能光憑藉感覺或者是猜測。

投資者在實際操作過程中僅僅是獲利是不夠的，學會了解獲利的原因更為重要。交易的主觀判斷的確很重要，但是在交易過程中不光光只存在感覺而忽視客觀的判斷。

2. 學會設立停損點。

當你做交易的時候還應該確立可以接受的損失範圍，學會及時停損，才不會出現特別多的虧損，設定停損點應該從資金情況出發，停損的範圍應該設定在 5% 以內，如果發生的虧損金額超過了你的承受範圍，不要抱有僥倖心理，覺得還會重新有所突破，應該立即平倉停損哪怕是行情還會出現反轉，不要後悔，因為你已經把風險控制到了最低水準。在交易前做好策略，嚴格控制交易風險，把主動權握在自己手裡而不是因為行情的波動而造成影響。

應該按照帳戶金額衡量交易量，交易不能過於頻繁。假如帳戶資金不足 3,000 美元，做單的次數限定為一次，資金數額在 3,000 至 5,000 美元的時候，如果真的能夠確定交易能夠成功，否則交易的次數不應該超過兩次；假如說帳戶金額有 8,000 美元，交易的次數不應該超過三次。根據這個規律，可有效的控制風險，一次性的頻繁交易是不可取的，風險難以控制，極易造成損失。

3. 做虛擬交易，累積經驗。

新手投資者需要耐心學習，不斷探索，不要急功近利的做真實交易。不要和別人作對比，因為每個人的觀點都有出入，投資的體會有差異。在進行虛擬交易的過程中，你的主要任務是找到適合自己發展的策略和習慣，假如你的獲利機會開始增加，每個月的獲益金額不斷

提升，這時候表明可以進行實盤交易了。

4. 不要輕易改變交易策略。

交易最大致命性而且會導致整個投資失敗的，你的損失開始逐漸擴大，找各種藉口不去停損，總是覺得行情還會反彈？如果這個念頭總在心中的時候，就不會果斷的去停損，而因為頭腦一熱繼續損失。市場的波動是非常大的，不會因為個人的主觀意識而改變行情。當損失超過停損範圍時，交易的結果就是被動平倉，投資者損失的不只是金錢還有個人的投資魄力，把他們的投資自信心降低到最壞的程度，這個損失的原因就是貪婪。損失 500，不會留給你填補損失的，可能在下次機會中還會獲利，但是在這一次的交易損失太多，也就是間接的損失了獲利的時機，這種損失很難彌補。為了杜絕這種損失的發生，必須堅持這個原則，把損失設定在一定範圍內，一旦損失的程度到達停損的範圍，不要過多停留應該立即平倉。

5. 累積經驗，吸取教訓。

錯誤和損失的發生是不能改變的，不要過多的自責，要學會吸取教訓，避免再次犯錯，學會吸取教訓，找出為什麼損失的原因，成功的機會也就越來越多。好要特別注意的是，掌控自己的情緒，不要因為賺了一點點就歡呼雀躍，也不要因為很少的損失就懊悔不已。交易中，應該保持理性，能夠充分的把握未來市場的走勢的時候再做決定。遭受損失應該保持冷靜，在損失中不斷吸取教訓，在損失中成長起來，假如能夠找出每一次損失的原因時，也就說明你裡獲得利益又近了一步，因為你能夠合理的把握趨勢。

6. 經常做交易記錄。

在投資過程中，記錄哪些決定交易獲利或者是損失的因素，在其中發現什麼原因造成了損失做一個記錄，分析這個原因的內涵發現損失的關鍵是什麼。假如在交易過程中是獲利的，說明你的分析無誤，如果這樣的因素或者事情再次發生的時候，你做出的記錄會幫助你做出正確的決定；虧損的交易記錄會讓你知道下次出現類似的情況你會怎麼辦。你無法把每一次的交易記錄在大腦中，書本記錄有利於你提升個人的投資能力認識錯誤的根源。

7. 保證資金充足。

帳戶上面的金額越小，表示你將會承擔更多的風險，在交易過程中應該避免帳面金額過少，很少的金額是很難承受巨大的損失，哪怕是那些投資老手也有可能會出現犯錯的時候

8. 戰勝自己的心理弱點。

在交易過程中自己的弱點是最大的障礙，自己心裡的因素對投資產生極為重要的作用。在交易過程中不要在無謂的交易中煎熬，沒有一個明確的標準說在一定週期範圍內要交易多少次，可能兩三天的時間做一個交易，但是這筆交易讓你獲利了，表示你判斷的方向是正確的，也不是錯誤的。

| 投資問答 |

問：請問專家，在投資外匯過程中，國家是否有政策限制外匯投資？

答：這個人問題比較常見，有很多的投資者會擔心國家對外匯投資持什麼樣的態度。在投資者投資過程中，國家制訂了很多優惠政

策，比如降低投資稅費、鼓勵銀行開展多種外匯投資業務。所以
投資者可以放心的投資外匯業務。

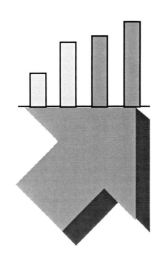

第 10 章 保險：
與投資風險博弈

銀行也賣保險

對於如何選擇銀保產品、解決疑問，理財顧問有幾條好的建議。

第一條：銀保產品也是一種保險。

一般的銀保產品都是投資型的保單。這種產品的特點是：保障＋預定利率＋分紅，這也是其最大的賣點。這也就是在說，購買該產品的人在享受保險保障的時候，還可以得到在保險公司的投資收益。只是長時間的投資期限是好是壞，在結束前是無法定論，投資報酬率也並非固定的。因此，在選擇購買銀保產品時一定要多加斟酌，量力而行，購買後最忌諱隨意解除合約，如若不然，自己將承擔一定的經濟損失。

第二條：銀保產品不是銀行理財產品。

很多人在認識銀保產品上存在一個盲點，認為銀保產品是銀行理財產品。其實兩者是不一樣的。銀保產品原本只是保險產品，主要是突出其保障性，其次講究盈利，本質上和強調獲利的銀行理財產品是有區別的。在購買起點和產品期限上兩者也有很大的不同。銀行理財產品通常起點高，期限較短。與之相比，銀保產品起步低，數千元或一兩萬元就可以購買；期限較長，少則三年，多則十幾年。最重要的是，銀保產品是由保險公司進行銷售的，合約上蓋的公章和產生的稅收也是有保險公司提供的，而不是銀行。

第三條：正確合理選擇使用銀保產品。

(1) **選擇銀保產品時要結合自身經濟情況。**銀保產品在繳費期限和保險期間的費用都不一樣，起售金額、保險利益也不一樣。在購買之前必須要向銷售人員或透過其他管道了解該產品的詳細情況，避免誤會，根據自己的經濟能力和理財需求

來選擇適合自己的銀保產品。

(2) **投資型保險的「繳費期限」不等於滿期時間。**好比說一項銀保產品的繳費期限只有 8 年，但是這項產品的滿期時間有可能到 20 年，或者是終身保險。還有一點，有的人會認為給家人買保險誰出錢誰簽字就可以了，其實不是這樣的，被保險的人同樣需要簽字。最後，在確認購買前一定要仔細閱讀合約的各項條款，保護好自己的權益，在購買經過複雜設計的的銀保產品時，要慎重行事。

| 投資問答 |

問：請問專家，我們能夠把銀行的銀保產品與儲蓄同等對待嗎？

答：這是絕對不可以的，銀保產品的推出是為了理財方式的多樣化，擴大銀行的業務量，所以，我們在考慮保險的時候，首先考慮的是規避風險的能力，而不是獲得多少利息。而我們進行儲蓄的目的就是為了獲得利息，在進行投資過程中，應該明確區分這些。

保險一定要買

一個東西有沒有用，並不在於這件東西的好壞，而是在於我們需要這件東西的程度。航空母艦雖好，但是它對我們並沒有太大的用處，因為它並不能擺在自己的客廳裡；進口嬰兒奶粉雖然也很好，但是它卻不能夠治感冒。保險重不重要、有沒有用關鍵是看我們需不需要。那保險能滿足的需求有哪些呢？從大的方面來講，保險對我們個人而言，主要有七個功能：1. 家庭保障；2. 子女教育；3. 養老金；4. 應急的現金；5. 有計畫的儲蓄；6. 財富保全；7. 企業減稅與挽留員工。

下面就這七點展開與大家講述：

首先是家庭保障。一般來講，正常情況下，一個家庭需要一家之主的支撐與照顧，那麼自己的愛人與孩子就會過上舒適的生活。這樣的生活就就是非常美媽媽幸福，因為一家之主就是他們的保險。但是不管一個人的本事有多大，有兩種事情卻是自己控制不了的，一個是傷殘，另外一個是意外。假使突然有一天，一家之主出現了意外，不能夠在照顧自己的家人，那麼對愛人來講，她不僅僅失去了一個好老公，對孩子來講，小孩也不僅僅失去了一個好父親，最重要的是他們失去了這個家庭的穩定收入，動搖了這個家庭的根基，這樣家人就會失去了保障。但是假使這個男人擁有保險規劃，就會保障整個家庭在突然的情況之下生活不受影響。

其次是子女教育金。對於現在這個知識化很普遍的社會，知識是非常重要的，假使將來自己的孩子成績非常的好，有能力讀完大學，但是由於自身的經濟問題導致不能讀完大學，以致影響了他的前途，這時已很多麼可惜的事情啊！一個完善的教育基金計畫就是保障小孩在接受高等教育時，一定要有足夠的金錢幫她完成學業。由於教育費用沒有彈性，只是固定的數字，並沒有優惠活動；時間也沒有彈性，成長到了一定的年紀，就必須去上學，不可以等兩年再說。為了自己的孩子的將來，父母應盡早的準備好孩子的學習資金。但是若是一旦有突發的事件，但是卻拿不出這筆教育基金，就會影響自己孩子的前途。而合適的保險規劃就可能保證將來可以有一個教育基金給小孩。

第三個是養老金。我們的未來會發生什麼，我們的人生能夠走多遠，這都是一個未知數，大多數人的收入會隨著經驗的成長而增加，但到六十歲退休的時候，收入就失去了保障，僅有的一點退休金也不

夠自己的日常花費，有的人甚至沒有退休金。我們現在開始勤勉不懈的工作，無非是想要讓自己的晚年過的舒服一些。而退休之後的收入主要來自三方面：首先就是自己的退休金與儲蓄，第二就是我們的兒女給我們的養老金，第三是社會養老保險。而勞健保，遠遠不能夠使我們安享晚年。而且面對社會的競爭壓力，子女能夠照顧好自己的家庭，保障自己家庭的開銷已經很不容易，何況以後還要供養老人？所以退休時有筆自己可以支配的錢來安享晚年就很重要。在年輕的時候，我們有工作能力，沒有儲蓄是可以的，但年紀大了又沒有錢，生活就會失去了平衡感。一個好的保險規劃，就是把自己年輕時候賺的錢一點一點的存起來，等到自己年紀大了，這筆錢就是老年的生活保障金，大家應該都希望退休之後，自己有筆錢可以做自己想做的事。

第四個是應急的現金。我們的人生都是從零開始的，但是人生的末端在什麼地方，我們不得而知。但是人生之路很坎坷，總會出現大起大落的現象。在身處順境的時候，我們的收入也許會好一些，也會有好的投資機會，但是我們平常沒有積蓄的話，也只能機會白白的溜走。然而我們在逆境中的時候，可能由於大病、失業等，會需要大筆金錢去應付目前的困難，否則就會變得狼狽不堪。大家應該都會希望，在自己急需用錢的時候，能夠自己拿出這筆錢而不用四處籌備。一個好的保險規劃基本上提供一筆應急的錢，讓我們可以把握好機會或者應對困境。

第五是有計畫的儲蓄。很多人存錢時都有這樣一個習慣，在存錢的最初，一般都是很積極的。當時當前存到了一定的程度，就由於想買車、裝潢房子等，或者是去一次旅行，進而就會花費掉很大的一部分。然後又重新開始存錢，然後在花掉。在這樣一個循環的過程中，

你將永遠也不會存到錢。而保險是先確定一個目標，然後完善的計畫與充分的時間幫助我們一步步完成。現在銀行都有存款功能，但是若是遇到了突發情況而終止了存款，那我們的計畫就很難實現了。但合適的保險規劃，即使在中途出現了意外，也能確保計畫一步一步的按時完成，甚至是被保險人不幸身亡了，但是這筆保險金依然會以賠償金的形式傳入到被保險人指定的繼承人手裡。換句話說，這個儲蓄計畫是可以百分之百成功的。

第六是財富保全。很多人都存在財產糾紛的問題，對於這種問題就可以透過保險將自己的財產轉給自己想給的人。許多因遺產問題而導致家庭破裂甚至反目成仇的案例也有很多，被非婚生子而搶去遺產的事情也是耳熟能詳。而透過保險指定身故受益人就可以很好的解決這一系列問題。

第七是減稅與留住員工。企業可以透過給員工買保險，一方面可以降低企業納稅成本，另一方面也可以讓員工感到自己備受重視，人身安全也有了保障，從而就會更加忠於企業。如果企業能夠很有計畫的分配人力資源的成本，再從成本沒有波動的情況下，利用年金險不但可以降低納稅比例，又可以讓員工認為自己的生命安全得到了企業的重視，從而更加的努力工作，為企業創造更多的利潤。

保險就是能夠解決這七個棘手的問題，對我們的生活是非常有用的。

有些人就會認為，自己的公司為自己買了保險，那麼自己就不用再額外的買一份保險了。但是，一份工作只是暫時性的，並不是終生的工作。如果以後遇見更好的工作，或是在機緣巧合之下，開起了自己的公司，也或者是因為公司人員需要調動，而迫使你必須離開公

司，那麼公司對你投的保險，就會沒有用處了。一個好的保障計畫，應該是掌握在自己手裡的，無論自己身在何處，自己的利益都不會受到影響。

　　人生是多變的，又有誰可以保障自己的一生都不會有任何的風險，也不會的什麼嚴重的疾病，更不會受到自然與非自然的危害，我想大多數人都不能保證這一點吧，至少我們生活在地球上，自然災害是免不了的。

　　理財就是要將自己的財富合理的安排好。若是人的一生沒有保險規劃，拿自己的財產又怎麼會有安全可言呢？所以說保險是十分重要的。

| 投資問答 |

問：請問專家，哪種保險比較適合理財？

答：按照理財的標準來說，投資者可以購買儲蓄型的保險，這種保險的好處就在於如果不發生意外，抱緊還能如數退回，還有一定的利息收益，可以說是一舉多得。投資者不妨選擇這種方法。

選擇保險的原則

　　保險是一種很複雜的金融工具，他結合了投資與保障兩種功能在自己的身上。我們目前處在普通的薪資階級，也不用將保險想的國語的神祕，保險對於我們來說，是對我們人身安全的一種保障。基於這種目的，我們在選擇保險的時候要注意以下原則：

1. 主次原則

　　我們的身邊都會有對我們很重要的人，有我們的父母，也有我們

的愛人與孩子，那麼，我們就會是這個家庭的「核心」，將我們的家庭撐起來。我們可以根據家人的重要程度排出主次來進行投保，就是在投保保費的支出上排列出了主次和重點。對於老年父母來說，自己的子女是非常重要的；對於年輕的父母來說，自身是年幼子女最大的保障；對於家庭來說，經濟收入高者是另外一個人的保障；如果僅僅是自己，那自己就是自己最大的保障。

2. 趁早原則

從「投機」的角度來講，「保險」就是用較少的錢獲得很大的利益，從而獲取保險公司給予的「保險補償」。那麼，投保越早，自己的生活就越有保障。就像是醫療保險，意外、大病、一般疾病是每一個人都要面臨的，這就是我們生活當中存在的風險，他可以到來以下幾種後果：花費醫療費、花費大病高額治療費、手術費；或者某人過早離開，使得其他人生活困難；有些家庭甚至是花了大筆的金錢，但是最後這個人還是離開了人世，落得個「人財兩空」的下場。

3. 評估原則

有一個小故事可以說明這個原則：一個人和一匹馬同樣在馬路上被撞死，馬死後，主人可以將馬肉賣掉，用來賺錢，但是這個人死後能做什麼，只有讓家裡人白白傷心罷了。這樣的比喻確實是很殘酷，但現實確實如此。若是我們投了保，那情況就會不一樣，一旦遇到「意外」，自己的保險金就會給自己的家庭帶來保障。

4.「三看」原則

這一原則主要是針對保險公司的。我們在買保險的時候，不能夠盲目的就買。我們要看保險公司的實力、看產品細節、看理賠品質。

其中，看報先構思的實力就是指這個保險公司有沒有能力償還保險近，這樣才能保證在發生保險事故的情況下，自己的保險金能夠確確實實的到自己家人的手中；看產品細節是因為不同的保險公司，產品的價格也會有所不同，同樣保費的保險保障的範圍、保障的時間也會有所不同，投保人一定要看這些細節，才能選擇出一家理想的保險公司；理賠品質的好壞則是直接反映出一家保險公司的信譽，好的保險公司理賠時既方便又快捷，客戶只需要收集相關材料即可，不好的保險公司則是拖拖拉拉，程序也非常的繁瑣。買保險的目的就是避免風險，千萬不要因為沒有選擇好保險公司而增加了新的風險。

5. 金字塔原則

至於購買養老保險、子女教育保險以及純粹的兩全分紅保險，我們的目的更多的就是增值，當然，想讓保險增值也是為了自己老了或是出現意外的時候考慮的，大人都希望自己的孩子能夠有一定保障。但是，我們自身財產的增值也不能完全的依賴於保險，而是應該將保險與其他收益更高的理財方式相結合，比如：在投資養老保險時，可以勞保打底、商保提升、投資健全，這樣就可以形成一個金三角的組合；在投資子女教育保險時，可以儲蓄打底，商保提升、投資健全，這同樣也是金三角的組合。

| 投資問答 |

問：我想要找一個代理人幫我打理保險，那我需要注意什麼？

答：選擇保險代理人時要看他和自己的默契程度怎麼樣，從某種意義上講，當保險代理人與客戶成為了非常好的朋友是，投保的效果會更好。一個合適的保險代理人能夠明白你的意思，只帶你需要

什麼，並且能夠成功的掌握你的人生規律。只有對你了解得很充分，就能夠從專業角度幫助你做出一份最適合自己的保險規劃。

需要幫孩子買保險的五個理由

對於一般的家庭來說，孩子就是整個家庭的全部，就是這個家庭的希望，也是這個家庭的未來，為孩子購買適合的保險既是一種保障，也是一種很實際的理財方式。有些家長會覺得孩子很小，買保險是一種浪費的行為。這種想法是不正確的，讓我們一起來看看為孩子購買保險的五大理由吧。

第一，**轉移風險**

避免家庭發生經濟問題，有效的保障生活的安定。無論是意外死亡還是傷殘，對每一個家庭的打擊都是十分沉重的，特別是獨生子女的家庭。若是透過保險，雖然不能避免意外的發生，但是卻能夠減低風險，保障家庭生活安定。

第二，**為子女成長的不同階段預先準備教育金。**

伴隨著社會制度的變遷，國家對教育越來越重視，子女的教育費用也不斷的上升；所謂凡事「豫則立，不豫則廢」，及早準備預設的不僅是子女的教育金還有子女受教育的機會和前途。

第三，**培養子女保險觀念，建立良好長期的風險規劃。**

人生的道路上布滿了意外與風險，父母就算再怎樣努力也不能保護自己的子女一輩子；伴隨子女成長的保險在保障子女的同時，也能夠提醒孩子要時刻注意防範危險，這樣就有效的培養了子女保險觀念，建立良好長期的風險規劃。

第四，讓子女有一個良好的價值觀，強化子女的責任感。

我們可以透過保險定期定額的理財，也鼓勵子女利用自己的零用錢參與的儲蓄、投資性保險，這樣不僅可以培養孩子的理財能力，更能夠讓子女有一個良好的價值取向，也能夠強化子女的責任感。

第五，向孩子展現家長無私的愛和責任感。

對於父母來說，孩子就是生命的延續，每一位父母都會奉獻出全部的愛給子女。但是，愛的傳遞也是需要介質的，一份保險就是父母向子女傳播愛的最好媒介，甚至可以在父母不能繼續關愛子女時仍可以挺身而出，繼續向子女傳遞父母給子女的愛。

但是，我們在為孩子買保險的時候，也要遵循一些原則：首先，保險費用不用很高，一般一個家庭的總體保費支出應該占家庭收入的 15% 至 20%，而孩子的保費支出應為總保費的 10% 至 20%。其次，繳費時期不能太長。因為少兒保險是孩子比較小的時候的保險，等孩子長大後，就會出現適合他自己的保險，因此繳費期限一般情況下越靈活越好。最後，給少年兒童買保險，要根據年齡不同，劃分出不同的階段，對 0-6 歲的寶寶來說，患病住院的機率較高，所以可以在購買保險的同時，在住院、醫療方面也有相應保障。

投資問答

問：請問專家，給寶寶買保險的時候需要注意的問題有哪些？

答：作為沒有行為能力的孩子，我們應該為他們購買的主要險種是醫療險，因為寶寶的抵抗力比較差，無法應對未來的很多風險，所以我們在寶寶生命健康上考慮，保證孩子的茁壯成長。

投資問答

問：請問專家，我們可以把保險作為儲蓄嗎？這樣對我們有哪些好

處，有哪些弱點？

答：在這裡我們應該注意的一點是，保險就是保險，不能看作儲蓄。儲蓄在有急用的情況下可以領取，而保險是不能夠取出來的，所以保險的份額不能過大。建議大家不要做高儲蓄長時間的保險類型。但是節約了保費，所以在購買保險的時候應該根據自身的情況來購買。

買保險時應該優先考慮「核心」

在一個三口之家，為誰買保險更合理呢？丈夫會說，應該給妻子、孩子買，他們出的狀況多；媽媽會說，當然是給孩子買了，孩子是未來的希望。沒有錯，妻子和孩子都應該上保險，但是最應該上保險的，卻並不是因為她是女性或者他是個孩子，而應該是家庭收入的主要來源。也就是說，誰是家庭收入的主要來源者，誰就應該買一份保險。

為什麼這麼說？道理很簡單，既然他是家庭生活的主要來源，如果他出現了意外或者是風險，家庭的主要收入就會中斷，嚴重的可能讓生活無法維持下去。因此，最應該受到保護的應該是家庭收入的主要貢獻者。一旦出現問題，家裡的核心倒了，這個家的生活就無法繼續下去。

張先生這幾年一直在做家具生意，年收入 400 萬元以上。妻子以前在一家公司上班，兩人生有一個女兒，生活非常美滿。後來，妻子辭職在家，專心在家做了家庭主婦，負責照顧孩子和丈夫。

張先生有朋友是做保險業務的，推薦他為自己和家人買幾份保險，他爽快的答應了。但他並不在意這份 180 萬的壽險計畫。他想：

我現在收入穩定還是考慮孩子還有妻子。就這樣，張先生為妻子上了一份重大疾病險和養老險，為女兒上了一份教育險，每年的保費約6萬元。

真是世事難以預料，一年後的某一天，張先生出了車禍，不幸過世；消息傳到妻子的耳朵裡，悲痛欲絕。

除了車禍的意外賠償，張先生身後沒有得到任何賠償。他的突然離去，給家庭造成了非常沉重的打擊。所謂世態炎涼，很多欠債的朋友不知所蹤，而很多債主上門討債。最後，陳先生的妻子不得不賣掉房子，才勉強還債。從富裕到貧窮，陳太太的生活幾乎崩潰了。生活貧窮困苦，就連丈夫給他們買的保險也無力繳費。

陳先生家庭悲劇誰也不願意看到，但現實生活中，許多家庭都出現這種情況，所以提醒想買保險的朋友，不管在什麼情況，別忘了給家裡的「核心」買一份保險。因為，他們承擔家庭的主要開支，也承載家裡所有的希望。

| 投資問答 |

問：專家您好，請問躉繳和分期繳相比，哪種方式比較好？

答：從理財的角度來看，在投重大疾病險的時候，比較適合繳費期長的交費方式。一是因為繳費期長，雖然總額的數目較多，但是每次的繳費比較少，家庭的負擔比較小，加上利息等因素，實際的付出不一定比一次繳清的費用多；二是因為不少保險公司規定，若重大疾病保險金的給付發生在交費期內，從給付之日起，免交以後各期保險費，保險合約繼續有效。這就是說，如果被保險人選擇十年繳，繳費第二年患重大疾病，保險金理賠也拿到了，而實際保費只付了五分之一；若是二十年繳，保險金理賠拿到了，

而保費只支付很少的一部分。從這兩個角度來說，分期繳相對划算一些。

解析保險的「等待期」與「猶豫期」

保險的等待期又叫免責期或觀察期，是健康類保險的一種獨特方式。進一步說是指健康保險中由於疾病、生育及其導致的病、殘、亡發生後到保險金給付之前的一段時間。

舉例說明一下：張某某購買了一份住院健康保險。根據保險公司的保險合約規定，免責等待期，一年期住院健康險為三十天，重大疾病險為九十天。這就意味著張某某購買此款保險後因疾病三十天以內住院，是不受保險保障的，無法獲得賠償。而如果九十天內患了重大疾病，也無法得到賠償。

要說明的是，保險公司不同，其免責期的期限規定也是不一樣的，最長和最短的期限有可能相差幾倍。

我們可以設想一下，如果你手上有兩份健康保險可以供您選擇，一份的免責期為三十天，一份為六十天，那麼您選擇哪個呢？一般來說肯定選擇三十天的更為划算，特別是那些只保障一年的健康類保險，相當於您的實際保障期限前者為十一個月，後者為十個月。

我們要活用免責期規定，購買免責期最短的健康險。同時免責期內保險事故是不賠償的，因此對於健康來說，早投保比晚投保好，身體健康的時候投保比身體不健康的時候投保更有意義。

有一點要特別強調一下，如果你不按時繳納保費，一般超過六十天的免責期後，保險合約會中止，此時你可以選擇在兩年內，補繳保費來重新恢復保險效力。但是對於健康保險來說，是非常不划算的事

情。因為即使您復效了，免責期會重新計算。

舉個例子：李澤三年前購買了一份終身重大疾病保險，免責期為一年。但是最近因為資金較緊，六十天沒有繳納保費，保險合約中止了。後來他又補繳了保費，合約重新開始生效。但是，李澤在三個月後，確診得了重大疾病，向保險公司要求賠償，結果保險公司拒賠。保險公司的理由是：如果李澤復效的話，免責期重新開始計算，李澤還需要再過一年才能真正享受到重大疾病的保險保障，即使在之前李澤已經經歷過了免責期。

透過上面這個例子，投保健康類保險，盡量不要延遲交保費導致保險合約中止需要復效，否則就會影響您的保障權益。

我們可以舉一個直觀的例子，假如你購買了一份住院健康類保險，繳了一年 1,000 元。你拿到保險合約後，跟朋友仔細看了合約，發現很多地方的報銷是和自己已經有的勞保衝突的，認為不是很划算，於是想退保。如果你在 10 日內退保了，保險公司會全額返還你 1,000 元。而如果你超過 10 日後才退保，保險公司只會返還你大概 400 元左右的現金，兩者相差將近 600 元。

由此可見，投保人一定要充分重視猶豫期，要退保，就要盡快，否則就會給自己造成一定損失。另外，在猶豫期裡，我們也要仔細研究保險合約，判斷是否有不相符的需要退保。猶豫期條款的設定，充分保證了投保人的權利，可以讓我們在挑選保險產品裡更有保障，挑錯了也不要緊，10 天內趕緊退保就行！

| 投資問答 |

問：我去年十一月買了兩份健康保險，然後就出差了，到現在保險合約還未拿到手，請問我現在十天的猶豫期過了沒有？

答：一般來說，你去年十一月買了兩份保險，到現在保險合約還未拿
到手，這種事幾乎是不會發生的。因為你一直出差在外，使保單
不能送到。但不要緊，猶豫期沒有過，因為猶豫期是指自投保人
簽收保單回執的次日起十日內。

買壽險注意三大細節＋七大特權

人們保險意識的強化，很多人關注壽險，有些人更把它當成自己
和家人發生「意外」後的有力保障。但其實很多人並不完全了解壽險
的相關知識，致使「意外」發生後，與自己設想的結果不一樣，以至
於連自己的合法權益也無法得到保障。

第一個細節：一定要搞清楚究竟買的是什麼。

保險公司的工作人員向投保人推薦壽險產品時一般都用一種比較
隱晦或委婉的說法，例如用「退休養老保障」、「保障抵押專屬產品」
或「避稅理財產品」等詞彙來加以「精心」包裝。作為投保人，尤其
是三十幾歲的人，一定不要被包裝後的壽險產品迷惑，在購買人壽保
險前一定要了解好相關知識，一定要搞清楚這種保險產品究竟是什
麼，是否適合自己。

第二個細節：別輕信保險人員許諾的保險紅利預期收入。

當前，為了激發潛在投保人的投保熱情，很多保險公司過高估計
分紅性壽險產品的預期收益。事實上，分紅性壽險的分紅與保險公司
的經營狀況是密切連在一起的，如果保險公司在經營分紅性壽險產品
時出現虧損，那「紅」肯定就沒得分了。所以，保險公司對分紅性壽
險產品的預期收益「分紅」只是他們的一種銷售手段，而不是實際情
況。一般來說，達到預期收益往往是很難的。

第三個細節：繳費後一定要索取保險公司正規繳費收據。

無論在什麼地方，投保人繳費後，都一定要向對方要正規的收據。只有正規的收據才能說明這是保險公司的行為，而不是銀行或保險公司行銷員的個人行為。如果不是正規的保費收費憑證，而是一些沒有編號的收據，假如投保人出險後，可能就會給自己帶來麻煩，或者無法保障自己的權益。

┃投資問答┃

問：投保人買了保險後，都有哪些主要義務要履行，才能更好的保障自己的權利呢？

答：買保險時，為了將來減少糾紛，投保人必須了解並履行自己的義務，這樣才能充分保證自己的權利得以實現。

1. 真實情況不隱瞞

訂立保險合約時，投保人必須把保險標的的有關情況如實向保險人陳述、申報和聲明。如隱瞞不報，發生保險事故時保險人可不予賠償或解除合約。

2. 如約繳納保費

投保人與保險人簽訂了保險合約，就要按照約定的時間、地點、方式向保險人繳納保費，如果違約，保險人就可以終止合約。

3. 危險增加要通知

如果保險合約當事人在締約時預料的保險標的的危險在合約有效期內增加，被保險人應當及時通知保險人；保險人有權根據增加的危險增加保費或解除合約。如果被保險人明知危險增加卻不通知保險人，因危險增加而發生事故，保險人有權不賠。

4. 保險事故要通知

保險事故一旦發生，投保人、被保險人或者受益人應當及時通知保險人，以便保險人迅速調查事實真相，收取證據，及時處理。

5. 遇有危險要施救

被保險人要遵守有關消防、安全、生產操作、勞動保護等方面的規定，維護保險標的安全，並根據保險人的建議改進安全維護工作。發生保險事故時，被保險人有義務盡力採取必要措施，防止或減少保險標的的損失。

6. 相關材料要提供

保險事故發生後，投保人、被保險人、受益人應當盡力向保險人提供與確認保險事故原因、性質等有關材料。

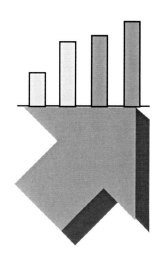

第 11 章 財富自由：
給你一個創業的理由

創業初期，如何融資最省錢

　　人到了三十幾歲，一般都會生出自己做點什麼的想法，而很多人在創業初期，遇到的最大的麻煩就是資金不足。而有些人求得資金，往往忽略了創業成本的考慮，但是，現在很多產業的利潤率都處於偏低狀態，因此，創業者在創業初期融資時一定要考慮成本，掌握創業融資省錢的一些方法。

　　偉凡在一家電器公司當業務。時間長了，老闆很賞識他，二人關係處得還不錯。老闆多次鼓動偉凡自己創業，並答應如果資金不夠需要貸款的話，可以為他提供擔保。有老闆的大力相助，他索性辭去了收入不菲的工作，自己註冊了一家電器公司。

　　在自己老闆的幫助下，偉凡從當地信用社取得了 30 萬元的貸款。信用社的服務很周到，可就是貸款利率比法定貸款利率上浮 30%，另外還要從貸款中扣除莫名其妙的「顧問費」。這樣算下來，偉凡實際貸款的年利率在 7% 以上。當時，他對貸款成本沒有多加考慮，只想著快點把公司運作起來。可由於電器業競爭激烈，公司只能微利經營，到了年底一算帳，償還貸款本息後沒賺到什麼錢，用他自己的話說，等於白白替信用社做了一年工。

　　看了偉凡創業的故事，相信很多人都會想創業初期如何融資才能最划算？

　　下面，我們就對創業初期融資的方法做一下指導。

1. 慎選銀行，貨比三家再貸款。

　　按照相關政策法規的規定，各家銀行發放商業貸款時，其貸款利率可以在一定範圍內上下浮動。就像偉凡一樣，沒有仔細考察就匆忙貸款，光利息就要損失很多。其實到銀行貸款和買東西一樣，也要貨

比三家，才能買到物美價廉的東西。

2. 合理挪用，買房貸款也可創業。

如果創業者有買房意向，並且手裡正好有一筆足夠的買房款，可以先將這筆買房款「挪用」於創業，然後再向銀行申請辦理住房按揭貸款。住房貸款是商業貸款中利率最低的一種，所以透過辦理住房貸款合理挪用來用於創業，成本就會低很多。如果已經購買有住房的話，則可以用現房做抵押來辦理普通商業貸款，可以將這種貸款作為創業創業資金。

3. 精打細算，慎重選擇貸款期限。

銀行貸款分為短期貸款和中長期貸款三種，一般來說，貸款期限越長，利率也就越高。如果創業者資金使用需求的時間不是太長，盡量選擇短期貸款。比如：原打算辦理兩年期貸款的，可以一年一貸，這樣可以節省利息支出。另外，要密切關注利率的變化趨勢，如果利率趨勢走高，則要盡量趕在加息之前辦理貸款；如果利率走勢趨降，在不太急用資金的情況下則應暫緩辦理貸款，等降息後再視時機辦理。

4. 善用政策，充分享受銀行和政府的低息。

很多銀行都推出了創業貸款這一項新業務，即凡是具有一定生產經營能力或已經從事生產經營活動的個人，因創業或再創業需要，均可以向開辦此項業務的銀行申請專項創業貸款。掌握好國家和政府的相關政策，在貸款時也可以節省很多資金。

5. 親情借款，利息最低的創業「貸款」。

在創業初期，很多人都想盡量減少成本，而向親朋好友借款就不失為一種低成本的做法。視關係的親疏遠近，可以嘗試和自己的親朋

協商借不同金額的錢款，按照存款利率支付利息，並可以適當上浮，這樣就可以非常方便快捷的籌集到創業資金，親朋好友也可以得到比銀行略高的利息，可以說是一種雙贏的方法。不過，採用這種籌款方式需要有良好的信譽，必要時可以找擔保人或用一些憑證或貴重物品做抵押，以解除他人的後顧之憂。

6. 提前還貸，提高資金使用效率。

在創業過程中，如果因效益提高、貨款回籠等原因，致使經營資金比較寬裕，則可以考慮及時向貸款銀行提出變更貸款方式和年限的申請，直至部分或全部提前償還貸款。貸款變更或償還後，銀行會根據貸款時間和貸款金額據實收取利息，從而降低貸款人的利息負擔，提高資金使用效率。

無本賺錢，求人不如求己

三十而立，指的是在三十歲時有所作為。這句話是勉勵大家要去為事業而奮鬥。但現實生活中創業除了要有智力，還要有勇氣。

想去創業是好事，不過在創業前我們要先注意下面這些問題，先來談創業的三個盲點：

1. 想一下子成為老闆

對於創業，也許你也能籌到資金、也能找到項目，也有能力雇員工……都可能做到。但其實白手起家創業的風險還是很大的，很多人沒有技能、沒有經驗，就盲目去投資想做一個公司，所以多數時候會失敗。

2. 盲目辭職，成為一個自由職業者

想做自由職業者，首先要考慮，有沒有足夠的技能使得你能在自由職業一族中生活的很好。如果你所擁有的技能不是很賺錢；或者雖然很賺錢，但你的技能在同行間不夠出類拔萃；或者你的年齡優勢正在喪失，那麼你都很難在這一領域生活的很好。很多人盲目成為自由職業者，然後發現過得還不如上班族。

3. 投入了一些資金，就當自己是投資者

手裡有個幾萬元，就想做投資者，進而盲目的把資金投進去，想做投資者，充其量是個投機者。買而炒這叫投機者，買而不炒的叫投資者。不成熟、沒那麼多資本、眼光還不夠都不能成為投資者。

小資族不要盲目的靠自由職業謀生，也不要盲目的投資做生意，更不要自以為自己是投資者。那麼小資族如何達到財務自由？

第一，累積。

一定珍惜你小資族的時光。工作不是生活的全部，但它能豐富人生的經歷。

1. 堅持學習

利用上班的工休時間學習某種技能，一種就可以，慢慢的把它學精。一旦你做自由職業，就不能保證有充分的時間學習。

2. 擴寬人脈

抓住一個領域，做某一產業的專家，多累積幫你賺錢的人，而不是幫你花錢的人。

3. 儲蓄資金

當你認為你的技能和經驗都很充足的時候，考慮一下你的年齡是

不是合適，然後你有兩個選擇：你可以先兼職做自由職業者，你也可以以專職的方式靠自由職業生存。如果你認為技能夠了、經驗夠了，而你的存款足以支援你家裡兩三年的生活，你可以馬上做專職。如果你的技能夠了、經驗夠了，但你的存款不足以支援你兩年以上的家庭生活的時候，你可以先嘗試做兼職。然後你用你的技能、你的經驗在靠自由職業謀生裡面開始起步，開始建立一個生意，從小到大，開始你的自由職業者生涯。

第二，選擇一個項目。

選擇什麼項目？這個項目一定要跟你的技能有關，一定要是你非常熟悉的產業。

選好一個項目，靠什麼把它做好？就靠量。前期量要大、辛苦，由小做大，直至初具規模。一旦初具規模，就要謀劃好如何十年內不倒閉。

第三，想成為一個企業擁有者有三個方式。

1. 自己建立一個系統

這意味著要付出很多辛苦的努力，你建立的生意由小到大，你要靠你自己的力量使人、財、物、進、銷、存、產七個方面成為系統化管理，至少需要十年以上的檢驗，這有一定難度，成功率很低。

關於這一點，我們做過一個統計：假設今天有100家企業創業，五年內會倒閉90%，90家。這90家的倒閉叫決策性失誤，大的方面選錯了。比如開店，位置選錯了，位置占店面成功的絕對因素，差幾步，客流量就不一樣。

剩下的10家，再過五年又倒閉90%，9家。這9家的倒閉是因為沒有建立一個系統。什麼叫建立一個系統？就是沒有進入良性循

環，系統的管理。

還剩 1%，1 家，就叫模式，它自身就是一個良性系統，很難倒閉了。也就是形成一套人們爭相向他學習的成功的模式，各行各業拼到最後就是拼的一個模式。

就目前來看，在資金不足的情況下最好別再去投資傳統項目。可以投資新興專案。

2. 購買一個專案或系統

可以直接購買一個現成的專案或系統，比如特許加盟、連鎖店、總代理、總經銷，比如麥當勞、肯德基等，它的人財物進銷存產已經成為一種模式了。這種模式是經過檢驗的成功模式，你可以直接購買它。一般情況下，收益是有很大保障的。或者做世界知名品牌的總代理也可以。

要注意的是，一定要買成熟品牌，切忌買不成熟品牌。

3. 加盟一個系統

如果沒有錢購買一個專案或系統，就加入一個系統。比如地區合夥人、技術加盟。最主要的是找到一個非常成功的系統，利用這個系統的模式把你的生意做大、真正做穩，從而使你成真正財務自由。

怎樣尋找成功的系統呢？它要具備以下五個條件：

· 有十年以上成功的紀錄，並且至少經歷過一次經濟危機，已被反覆驗證過的企業。

· 具有你能夠由此獲得成功，值得信賴並可充滿自信的與他人分享的商業機會。

· 具有長期的教育計畫，把你作為人才來培養。

· 具有嚴格的導師計畫，你向領導人而不是建議者學習，即向這

個產業的成功者學習，而不是向評論員學習。

· 和你尊敬並樂意與之相處的人在一起。

如果一個企業滿足以上五個條件，你還要看一看他們的產品。但太多的人只關注產品，忽視了系統，這也是不對的。如果你想成為推銷員，那產品是最重要的因素。但是如果你想長期成為財務自由人，那麼系統、受益終生的教育，以及人是更為重要的。

真正的成功，意味著你在短期內付出的時間和努力帶來了巨大的長期的穩定收入，一旦你建立一個良好的企業，你的收入就來自於企業的不斷生產。

真正的財務自由，是你不用工作，你的錢還能維持你正常或現有的生活水準，並且持續相當長的時間。

第四，投資，讓錢為你賺錢。

當你有了穩定的經濟收入之後，你再考慮去投資。這時候你才真正成為一個投資者。

你一定要不斷的學習、不斷的改變、然後一定要融入一個系統，然後還要學習。所以，不斷學習，建立一個學習型的團隊，培訓你的領導人才，培訓你的員工，強化凝聚力，培訓你的顧客，信任和忠誠，才能人心所向，這是一個趨勢。任何產業、任何生意做到最後，不斷的學習，你才能越來越大、越來越穩定。

投資問答

問：我想成為總代理，請問您可以告訴我大概的步驟嗎？

答：如果是總代理，那麼你要先考察產品。做好市場調查。分析產品的賣點、消費者心理、潛在的消費者等。代理權簽署時必須要有專屬性，比如代理權僅此一家的排他協議，以及銷售產值的保密

協定，產品不能隨意更改等的協議。也要注意代理權有效期許可權等。

網路開小店也能賺大錢

網路購物已逐漸成為一種趨勢，很多人自然不會落後於這個潮流，很多也想透過網路賺錢。

由於缺乏一定經驗及啟動資金，做實體店也許會遇到很多困難，但是網路卻讓無數人的創業夢想變為現實。

三十二歲的奕薇已經在網拍做了一年多生意，這幾年由於一直想開家自己的店，於是萌發了在網路開店的想法。奕薇說，在網路上開店很簡單，首先要選定一個適合自己的商務網站，現在這類的網站有很多，像蝦皮、奇摩拍賣、露天拍賣等。開店最重要的是信譽要好，也就是信譽度高，得到顧客的好評越多，網店的排名就會越靠前，顧客出於安全的考慮，多數都會選擇在那些排名靠前的小店裡購物。

說到收入，奕薇說，剛開店時不要太著急獲取收益，但是只要把握住了時尚潮流，再贏得良好的信譽，小店的人氣就會越來越高，一個月下來不比小資族賺得少。

現在網路上開店的人越來越多，賣的東西非常之多，可謂應有盡有。要想自己的商品賣得好，在眾多網店中脫穎而出，進貨管道很關鍵。

一般來說，網路商店老闆要的進貨通路主要有以下幾種，要根據你的實際情況選擇最適合自己的方式。

批發市場

最簡單、最常見的方法就是去批發市場中尋找貨源，但是現在很多開店者都把目光轉向商品的原產地，而忽略了批發市場這個最簡單的途徑。在你開設網店之初，如果商品的銷售量很小的話，在本地的批發市場進貨就可以了。如果你經營服裝，那麼你可以本地的大型的服裝批發市場進貨，在批發市場進貨需要具備強大的討價還價能力，力爭把價格壓到最低，同時還要與批發商建立良好合作關係，說清楚商品的調換貨品問題，以免日後起糾紛。

從批發市場進貨的優點是更新快，品種多。缺點是容易斷貨，品質不易控制。適合當地有大型批發市場，具備一定議價能力的人群。

廠商

一般來說，廠商的貨源都比較充足，如果長期合作，大多都能爭取到產品調換。但是通常廠商的批發底限較高，不適合剛建立網路商店的人。但是如果你有足夠的資金儲備，而且有分銷通路，沒有庫存的危險，那麼廠商直接進貨是個不錯的選擇。

從廠商進貨的優點是品質、價格能得到一定保證。缺點是資金投入比較大、有一定庫存壓力，且產品單一。適合有一定的經濟實力，並有自己的分銷通路的人群。

品牌代理商

如果你的網路商店已經發展到了一定程度，那你可以直接聯繫品牌經銷商，他們可以為你提供更大的進貨量。一般來說，越是大的品牌，它的價格折扣就越高，真正賺的錢，只是在完成銷售額後拿的返利。

從品牌代理商進貨的優點是貨源穩定，通路正規，商品不易斷貨。缺點是更新慢，價格相對較高，利潤低。適合群體：想做品牌旗艦店的人群。

外貿產品

現在很多廠商在做外貿訂單，或者為一些知名品牌生產之外，都會有一些剩餘產品處理。這些剩餘產品的價格一般都很低，多數只為市場價格的 2 ～ 3 折左右，品質做工絕對保證。

進貨外貿產品的優點是價格低廉、品質有保證。缺點是對方一般要求進貨者全部購進，所以買家要有經濟實力。適合有一定的貨源通路，同時有一定的識別能力的人群。

批發商

批發商多數都是直接與廠商合作，貨源較穩定。但因為他們已經很大，訂單較多，售後有時就跟不上。而且他們都有自己固定的老客戶，一般人很難和他們談條件，除非當你成為他們大客戶後，才可能有折扣和其他優惠。

從批發商出進貨的優點是貨源充足，選擇種類多。缺點是售後服務跟不上。適合有自己的分銷通路，銷售量較大的人群。

代銷式供應商

這種方式可以說是現在最流行的一種方式。商品的圖片及介紹都由供應商提供，賣出後也可從供應商處直接出貨（代出貨）。對於新手來說，這是個不錯的選擇。因為所有的商品資料都是齊全的，你需要做的就是把商品賣出去。不過，選擇這種供應商的時候，一定要注意他的信用度和商品品質，以免遇到糾紛不好解決。

這種方式的優點是簡單省事，滑鼠一點，連出貨都不用自己管，坐收傭金，風險低，資金投入最省。缺點是：商品不經過自己的手，品質很難控制，由於對商品可能了解不夠，與客戶溝通較複雜，操作不好會得中評或負評。適合低成本創業的 C2C 網的人群。

庫存積壓或清倉處理產品

因為急於處理積壓產品，價格就會很低，如果你有很強的殺價能力，可以用一個極低的價格拿下，之後再轉到網路上銷售，利用網上銷售的優勢獲得足夠的利潤。這種進貨通路要求你對產品品質有識別能力，同時能把握發展趨勢並要建立好自己的分銷通路。

進貨積壓產品的優點主要是成本低。缺點是很難掌控進貨的時間、地點、規格、數量、品質等。適合有一定的資金實力，對這個產業比較的了解的人群。

各種展會

各個產業每年都召開各種展會，在這裡一樣能挖到寶。這些展會所聚集的大部分都是廠商，因此，當生意已經有所起色，而還在貨源問題上苦惱時，就可以參加一些這樣的展會，接觸真正一手貨源，大膽的和廠商真正建立合作。參加這種展會最好以專業人士身分參加，帶好名片和身分證，讓廠商感覺你是專業人士，這樣才會合作成功。

從展會或交易會進貨的優點是成本低，競爭力強，商品品質穩定，售後服務有保障。缺點是一般不能代銷，需要有一定的經營和挑品經驗，資金投入大，風險較大。適合資金實力雄厚的人群。

特別的進貨通路

如果有親戚或朋友在國外，就可以找他們幫忙代購，進到一些市

場上看不到的商品或是價格較高的產品。如果你的工作、生活處在邊境，也可以親自出去進貨，這樣就會保證你的產品特色或價格優勢。

| 投資問答 |

問：我想在網路開店，賣什麼東西最賺錢呢？

答：現在網路的商品應有盡有，很難找出某類商品的空白市場，因此，開店不妨選擇周邊商品，如開店需要拍商品圖片的攝影器材，店鋪裝修，超取、郵寄商品的各種紙箱、便利袋等用品，店鋪規劃、開店建議、開店點子等。爭取做一個向淘金者提供商品和服務的賣水者。

跳過加盟創業的八大陷阱

近年來，連鎖加盟被很多人看好。然而，從事連鎖加盟真的一本萬利嗎？其實不然，那些只看到一夜暴富就想參與其中的人，一不小心就會踏入「陷阱」裡，等到清醒過來時，才明白想要創業還得踏踏實實，知己知彼，方能百戰百勝。

那麼，加盟創業的陷阱都有哪些呢？下面我們就做下分析。

陷阱1：產業前景不好

創業，選對產業是很重要的，在投資前一定要仔細研究相關資料，對所選擇的產業衡量好。如果這個「產業」前景確實不錯，而且是明星產業或正處於成長期，則表明目前的競爭對手還不是太多，而且未來整個產業的發展空間也很大，那麼就可以儘早投入，如此獲利的空間也就越大，當然賺錢的機率也就越高。反之，如果該產業正步入「夕陽」階段，則創業者應慎重加入。

陷阱 2：總部的王牌技術不足

一般情況下，連鎖加盟的總部需要具備的 Know-How 相當多（Know-How 在西方國家被稱為王牌技術），包括商品的開發與管理、商圈的經營、行銷與廣告宣傳活動、人員的招募與管理、財務的規劃與運作等等。而有的連鎖加盟總部甚至沒有開設直營店，根本不具備店務經營管理的 Know-How，也就不能協助加盟一族妥善的長期經營店務。

陷阱 3：總部人員前恭後倨

在加盟合約沒有簽署之前，很多總部的業務人員對加盟者都非常恭敬，因為他們要賺抽成或獎金。可是簽約之後，業務人員要對加盟者進行相關指導和培訓，這時他們就會擺出倨傲的架勢。

此外，有些加盟連鎖總部的合約屬於霸王合約，只單方面對自身有利。大多創業者因為經驗不足或鑒別能力不強，再加上急於想要創業，於是便落入「陷阱」。因此，創業者在簽約之前多走訪幾家加盟店，在了解總部簽約之後的服務與總部人員的態度之後，再簽約不遲。

陷阱 4：總部財會制度不健全

總部財會制度是否健全，一般情況下是看不出來的。不過你可以這樣做：在加盟簽約時，總部要求的履約保證金是讓你支付現金、商業本票還是不動產抵押設定。很多成立時間不長的加盟總部由於財力單薄，資金壓力大，所以會要求加盟者提供現金。可是由於財務結構不夠健全，導致周轉不靈而倒閉的加盟店並不少見，遇到這種情況，加盟主可能連保證金都無法拿回。加盟者在選擇加盟店時，應選擇以

不動產抵押設定的方式提供履約保證。

陷阱 5，總部應變能力不強

　　無論什麼商品都有它的生命週期，如果加盟總部的產品開發應變能力不強，當現有的商品組合步入衰退期，不能滿足消費者最新需求時，就會嚴重影響加盟店的生存發展能力。

陷阱 6：總部獲利計算模式呆板、單一

　　很多加盟總部為加盟者提供的參考獲利計算模式呆板、單一，不能針對不同的條件，不同的情況提供各種不同的可能營收分析評估。這樣就會使加盟者無法對將來可能產生的收入、費用及盈虧狀況進行準確計算。而且，為了吸引加盟者，總部通常不把實際的一些開支等列入公式中來計算。這一點加盟者必須注意，對收入要低估，對支出要高估，預留 3 ～ 6 個月的營運周轉金，這些都是要掌握的。

陷阱 7：總部拓展規模太快

　　有些加盟總部因為一朝成名，導致加盟店數急劇增加，因此需要不斷增設廠房，不斷增加人手、增購機器設備、大打廣告等等。擴充規模太快，除了需要投入大量資金之外，還會因為規模不經濟的因素造成一段時間的虧損，部門及人手的增加也會產生溝通協調不良等狀況，效率也會降低。因此加盟者要注意，當所加入的連鎖總部存在這些現象時，很可能馬上會陷入上述陷阱 4 —— 總部財會制度不健全的惡性循環。

陷阱 8：總部對未來規劃信心不足

　　有些加盟總部自身就對產業的前景缺乏信心，因此雖然現有項目

還在擴展，但又轉投其他事業或發展其他品牌，因此加盟者在選擇要加盟的對象時，應該多了解一下負責人對於事業發展的未來規劃，以及他所投入的重點是否與本業相關。如果發現其真正的興趣並不是在本業上，那麼就該慎重考慮是否還要加盟了！

| 投資問答 |

問：我同學一直想開一家連鎖加盟店，資金都準備妥當了，可就是不知道選擇哪一個產業。各種加盟店的廣告說得天花亂墜，讓人不敢太相信。請問，做加盟店在選擇產業和品牌上，有哪些地方需要注意？

答：選擇一個正確的加盟項目，一定程度上就意味著成功了一半。在選擇項目之前，首先要問問自己的優勢是什麼，劣勢是什麼。就產業和品牌的選擇來說，一般可以採用以下幾種方法：

1. 注重相關產業的市場調查和分析預測

仔細考察同產業的經營現狀，在一個好的產業市場背景下順勢而為，將會比逆勢而上更能輕鬆獲取財富。

2. 盡量選擇自己熟悉和比較了解的產業

如果因為一些原因，無法選擇自己所熟悉的產業，那麼就選擇一個能在自己開店、經營的過程中給予強大支援的連鎖加盟總部。

邊工作邊創業應該注意什麼

在這個創業浪潮「洶湧澎湃」的時代，越來越多的人希望能轟轟烈烈的做一番屬於自己的事業，但由於工作時間緊、資金有限、缺乏經驗等各種原因，這些胸懷夢想的人不得不繼續徘徊在自主創業的大

門之外。於是就有人選擇了一條中間路線：一邊工作，一邊創業。聽起來倒是不錯，在具體的實施過程中，有哪些需要注意的問題呢？

1. 出於風險考慮，可先從兼職做起。

先從兼職做起，既降低了創業風險也體會到了創業的滋味，是一個不錯的選擇。目前，在很多一二線都市，上班族做兼職早已不是什麼稀奇事了。兼職的種類五花八門，具體情況根據各人能力和機遇而有所不同。不過，無論選擇做哪種兼職，都可以累積經驗，鍛鍊個人能力，同時還可以累積一定的資金。

選擇兼職時，要注意與自己的特長和未來的發展方向相結合。做兼職的目的是為了縮短自主創業的距離，千萬不要為了兼職而兼職，為眼前利益而忘記了對自己能力的鍛鍊和資源的累積，這就與最終目標越走越遠了。

2. 區分兼專職，避免本末倒置。

上班族創業，其最大的優勢就是可以充分利用工作中累積的資源和建立的人脈關係，來為自己未來的事業奠定基礎。

張文原來在一家圖片插畫製作公司工作，在工作中與很多公司都建立了良好的合作關係，累積了豐富的人脈。時機成熟後，他辭去了原來的工作，自己成立了一個圖片插畫工作室。這一工作對於他來說簡直就是駕輕就熟，因此他幾乎沒有冒任何風險，便踏上了成功之路。

有一點要注意的是，在離職創業之前，不能損害公司的利益，將公司的生意與個人生意本末倒置，這樣做不僅違背了做人最起碼的道德，而且還可能會受到法律的制裁。另外，要掌握好時間和精力，不

能因為自己的創業活動而影響自己所在公司的正常工作。

3. 與人合夥創業。

有些上班族創業在時間上不是很充足，但只要擁有一定的資金，或者擁有一定的技術和資源，就可以尋找合作夥伴一起進行創業。找合夥人一起創業需要注意的是：責、權、利一定要分清楚，最好形成書面文字，有雙方簽字，有見證人，以免到時候發生糾紛而空口無憑。

4. 仔細權衡，選擇合適的投資專案。

據某機構的一份調查顯示，上班族最熱衷的創業項目一共有十個，分別是：網路開店；便利商店；手搖飲料店；連鎖加盟餐飲；路邊攤賣服裝飾品；炸雞排、鹹酥雞等小吃攤；咖啡店；外語補習班；升學補習班；瘦身美容用品或服務。這十個項目有一個共同特點，就是資金投入較少，另外一個特點就是管理相對簡單，不至於牽涉創業者的太多精力。

此外，可以選擇做一個好的產品代理。隨便翻開報紙、雜誌，到處可見尋找產品代理的廣告。有些人對此類廣告抱有一種本能的排斥，其實裡面同樣隱藏著商機，關鍵在於如何「沙裡淘金」。想做代理的人，可以參考以下幾條原則：

(1) 不宜選擇大公司和成熟產品。

一般來說，大公司產品的市場已經比較穩定，但利潤空間小，條件苛刻，對創業者的投資實力要求很高。

(2) 產品具有一定的獨特性，進入門檻要高。

有些產品本身不錯，但太容易被人仿造，很短時間內利潤就會被

攤得很低。這種情況下損失最大的，除了廠商就是代理商。

（3）**最好直接與生產廠商聯繫。**

如果打算做二手、三手代理商，有三個需要考慮的問題，第一，上級代理商留出的利潤空間有多大；第二，上級代理商的人品與信譽如何；第三，上級代理商與生產廠商的關係。

| 投資問答 |

問：大學畢業後，我想自己做點生意，但資金和經驗都比較有限。請問，如果要找合夥人一起投資，需要注意哪些問題呢？

答：在創業初期，假如需要找一個合作夥伴的話，建議你最好在自己熟悉的朋友、同學、同事、親戚中尋找，此後就要靠制度和契約來保證各方的責、權、利。因為人是會變的，感情也會變，有制度和契約作為一種保障，就可以平靜的處理分歧和糾紛，不會造成「兄弟反目」、「朋友變仇人」的結果。

穩賺不賠的自我投資

經濟學認為任何一項投資都具有一定的風險。即使是投資經驗最豐富的專家，也不敢拍胸脯說某種投資行為只賺不賠。然而，有一種投資卻超脫了這種屬性，而且投資越多報酬也就越多，那就是自我投資！

自我投資對任何人都價值非凡，它直接的關係著一個人的人生價值的最大化程度。什麼是自我投資？就是每個人對自己的未來發展趨勢所投下的心力和精力。換句話說，你希望自己成為什麼樣的人，希望自己擁有什麼樣的生活，都必須早做規劃，然後一步步的投入自己

的精力或資金，最終達到「利益的最大化」，使夢想成真。

自我投資與一般商業性投資有很大區別，自我投資只要投入就有收益，而且時間越久，獲益越多。更重要的一點，自我投資絕對不會像炒股一樣，稍有不慎就會血本無歸。而且，在你獲益之後，就算他人再羨慕你的成就，也無法從你身上搶走半分。

從根本上講，自我投資就是進行自我充實，包括學識、思想觀念、為人處世、專業技術以及藝術修養等等，它的先決條件建立在自我開發之上。其實，每個人都有許多潛在的能力，如果不去挖掘，很可能一輩子都無法展示出來，但如果加以開發利用，它往往會產生令己令人都驚歎不已的效果。

說起吳士宏，很多都知道她的令人欽佩的傳奇故事。吳士宏的成功，在基本上就是對自我投資的成功。

吳士宏沒有受過正規的高等教育，也沒有什麼背景。在醫院一邊做護士，一邊勤奮苦讀，透過自學獲得英語大專文憑，再隨後透過外商服務公司進入 IBM 公司，做「行政專員」，其實就是做打雜工作。但是她並沒氣餒，還是不斷的進行努力和學習，充實著自我。

她自傳裡曾描述過一場對她來說可以說是人生轉捩點的考試。IBM 公司有一個電腦資格考試，當時誰能透過這個考試，就可以去香港參加培訓，吳士宏暗自告訴自己一定要參加這個考試。但由於她當時不具備考試資格，於是越級跑到人事部經理處三番兩次的要求，希望破例給她一個機會，考不過的話，她願意自動辭職。因為她的這一要求屬於越級行為，這也引來了她的直屬主管的不滿，但她卻一下子透過了，一些有資歷的人都落在了她後面，去香港培訓是板上釘釘了。

從香港培訓回來後，公司安排她做了銷售員，她一做就是五年。在這期間，她由於業績非常突出，開始出任 IBM 華南分公司總經理。一九九七年，她開始擔任 IBM 中國區銷售總經理。一九九八年，她離開 IBM，受聘於微軟中國區公司總經理，成為了優秀的資深主管。

「一個人如果總是在一個沒有大波浪的平緩狀態中生活，也許等他到白頭時，回頭一看，才發現那麼多日子已經無聲無息的過去了。」

在自傳《逆風飛揚》中，吳士宏這樣寫道：「或許你從不知道自己有某方面的能力或缺陷，也從不曾想要去發現，只是機械的重複著一天又一天。可能你會覺得疲憊、沉悶、無聊，但又找不出原因。這時，何不好好檢視一下自己呢？」

及時投資自己吧！自我投資的另一好處就是 —— 任何時候開始，都不會遲。只要你肯，今天的投資，必然會造就明天豐碩的收穫。

｜投資問答｜

問：我是朋友們中間最為有名的「月光女」，他們都說我應該適當提高一下 FQ 了。其實我也不想成為敗家女的，可 FQ 的提高又不是一朝一夕的事情，我該從哪一點做起呢？

答：首先，能認識到自己在理財觀念上的不足，就說明你已經在進步了。FQ 與 IQ 的最大的不同之處就是 FQ 可以透過一定的學習和鍛鍊得到很大的提高，而 IQ 就不一定了。具備高 FQ 的人，必須具有一定的財務知識、投資知識、資產負債管理和風險管理的知識。要增加這些知識，首先就是去學習，平時多瀏覽這方面

的書籍和雜誌，一定會受益匪淺。

其次，在日常生活中，每天都可以接觸到這樣或那樣的理財資訊，對此給予一定的關注，並不斷的累積和總結，相信終有所獲。當然，如果有機會參加理財類的培訓或研討，聽聽專家或實踐者的經驗或教訓，對於提高自己的 FQ 會大有裨益。

再次，就是在實踐中不斷進行鍛鍊，總結經驗教訓，逐漸提高理財能力。

收藏是長期投資

收藏是一項長期的愛好，熟悉一種收藏品需要經過很長時間，這一點搞收藏品投資的人是有切身體會的，因為從認識到熟悉，再到精通，沒有至少十年二十年是不敢稱專家的，這也就能解釋為什麼收藏領域的專家都是上了年紀的人。

1. 收藏品要靠時間檢驗

事實上，成為收藏品不是那麼簡單的，只有被人們所逐漸看重，慢慢的累積起價值才有收藏的意義，但並非所有的東西都會被收藏市場所青睞。這是因為一個品種除了要具備收藏品的生命力外，被收藏者認同和被收藏市場接納也非常重要。當然，這裡談及的是收藏品的一個普及性和影響力問題，因為任何東西都可以收藏，國外還有人將飛機大炮也納入收藏行列，但這種藏品認知度高不高就另說了。一旦某種收藏品認知度很高，就會形成一個蔚為壯觀的集藏群體，隨之而來的就是這種收藏品會出現一個影響力頗大的市場。

有一種觀點認為收藏品投資要跟上潮流，意思是如果某種收藏品出現行情，那就去玩一下，投資一把賺些錢，如同現在的很多人做股市一樣，投資牛市避熊市。表面看這種投資理念很對，能保證投資的成功，但實際上真正能在牛市中全身而退者鳳毛麟角，不僅藏市如此，就是股市也是如此，一個市場如果全部都是贏家，那它肯定就不會有存在的意義了。

2. 存量決定價值

這是收藏品的一個特性。比如說連環畫在近十年中很走俏，價格不斷升值，就是因為老版本連環畫存量稀少，經過幾十年消耗與損毀，留存下來的就漸漸展現出收藏價值。郵票和錢幣也是如此。

3. 長線投資終有收益

從產品票推動編年票價格上漲的現象，消耗對藏品價格變化的影響可見一斑，而這也正好印證了物以稀為貴的這一道理。作為收藏者，要記住，只要是有市場、有群體的收藏品，那麼長線投資必然會換得金子般的收益，就看你能不能經受住時間的考驗。

｜投資問答｜

問：是不是有了錢都適合去收藏？是否有那麼多的寶貝可供大家收藏？

答：應該說，收藏是經濟發展和社會進步到一定程度的產物，它對於文化的保護、傳承、群眾精神文化生活的豐富等都達到了積極的作用。然而，凡事都有一個度，收藏也不例外。面對魚龍混雜的收藏市場，藏友們是否都具備了足夠的專業知識和一雙火眼金

晴，而不無謂的去交昂貴的學費呢？藏品市場造假的非常多，還有人專門以造假獲取錢財，最終還是這句話：「收藏有風險，入行須謹慎」。

電子書購買

國家圖書館出版品預行編目資料

韭菜投資學：0 失手投資規劃制訂 ×8 要點培養
投資執行力 ×7 戒律保本絕不再翻船 / 韋維著.
-- 第一版 . -- 臺北市：崧燁文化事業有限公司，
2021.10
　　面；　公分
POD 版
ISBN 978-986-516-854-4(平裝)
1. 投資 2. 理財
563　　　　110015274

韭菜投資學：0 失手投資規劃制訂 ×8 要點培養投資執行力 ×7 戒律保本絕不再翻船

臉書

作　　者：韋維
發 行 人：黃振庭
出 版 者：崧燁文化事業有限公司
發 行 者：崧燁文化事業有限公司
E - m a i l：sonbookservice@gmail.com
粉 絲 頁：https://www.facebook.com/sonbookss/
網　　址：https://sonbook.net/
地　　址：台北市中正區重慶南路一段六十一號八樓 815 室
Rm. 815, 8F., No.61, Sec. 1, Chongqing S. Rd., Zhongzheng Dist., Taipei City 100, Taiwan (R.O.C)
電　　話：(02)2370-3310　　傳　　真：(02) 2388-1990
印　　刷：京峯彩色印刷有限公司（京峰數位）

定　　價：360 元
發行日期：2021 年 10 月第一版
◎本書以 POD 印製